게으른 완벽주의자를
위한 심리학

The Psychology of Procrastination
: Understand Your Habits, Find Motivation, and Get Things Done
by Dr. Hayden Finch

+ + + 미루기의 악순환에서 벗어나고 싶은 당신을 위한 심리 처방 + + +

게으른 완벽주의자를 위한 심리학

헤이든 핀치 지음 | **이은정** 옮김

The Psychology of Procrastination

미루기는 게으름의 문제가 아니다

당신은 지난 수년 동안 미루는 습관 때문에 고통받아 왔다. 돌이켜 보면 마감을 지키거나 계획된 활동을 끝내는 일, 목표를 달성하는 일은 쉬운 적이 없었다. 미루는 습관을 고쳐보려 갖은 수단과 방법을 동원해 봤지만 모두 실패했다. "네가 게을러서 그래", "절제력이 없어서 그래". 때로는 남들이 하는 말이 맞는 게 아닐까 궁금하기도 했다. 하지만 당신은 미루는 습관에는 최선을 다하지 않는 것 이상의 무언가가 있다는 점을 이미 눈치챘을 것이다.

사실 미루기는 게으름이나 절제력의 문제가 아니다. 그보다 훨씬 더 복잡하다. 너무 복잡한 나머지 의학과 심리학 연구계에서는 이 주제를 200년 이상이나 연구해 왔다. 1950년대 본격적으로 시작된 관련 연구는 지난 10년 동안 폭발적으로 확대되면서 미루기의 실제 메커니즘을 이해하는 데 도움이 되는 여러 새로운 사실을 밝혀냈다. 이제 우리는 단지 의지만으로 미루기를 극복할 수 없다는 사실을, '일을 끝내는 것'에 집중한다고 해서 꾸준히 유지되는 변화를 만들 수 없다는 사실을 안다. 미루기는 심리학적 요인에 의해 발생하므로 심리를 이해해야 극복할 수 있다.

이 책이 당신을 도울 것이다. 앞으로 우리는 함께 미루기의 심리학을 자세히 탐험해 볼 것이다. 1부에서는 미루기가 무엇이며 작용 원리는 무엇인지, 미루기의 굴레에서 벗어나지 못하는 까닭이 무엇인지 살펴본다. 더불어 미루기가 우울증, 주의력결핍 및 과잉행동장애ADHD, 완벽주의, 가면 증후군 등의 정신 건강 문제와 어떤 연관성이 있는지 알아본다. 2부는 앞서 살펴본 내용을 바탕으로 지속적인 변화를 형성하는 방법을 다룬다. 그리고 미루기의 근본적인 원인을 해결할 수 있는 심리학적 기법들을 활용해 동기를 얻고 계획을 수행하고, 시작한 일을 마무리할 수 있는 방법을 알아본다. 이 과정에서 우리 뇌에 대한 이해도를 높여, 뇌에 저항하는 대신 함께 해결하도록 만들 것이다.

앞으로의 여정을 같이하게 될 당신에게 내 소개를 먼저 해야겠다. 나는 임상심리 전문가 헤이든 핀치Hayden Finch 박사이며, 연구를 통해 발견한 여러 방법으로 사람들이 정신 건강을 다스릴 수 있도록 돕는다. 내가 심리학에 빠지게 된 것은 학부생 시절, 듀크대학교Duke University에서 심리학과 신경 과학을 공부하면서였다. 당시에는 기억 연구소에서 근무하며 주립 정신병원에서 자원봉사도 했다. 그리고 마음의 작동원리와 이것이 우리 일상에 미치는 영향에 관한 연구로 심리학 박사 학위를 취득했다.

현재는 정신 건강 클리닉을 운영하며 지금껏 배운 지식을 활용해 피상담자들이 겪는 심리적 어려움을 극복하도록 돕고 있다. 나는 불안장애부터 정신증psychosis에 이르기까지 다양한 병명을 진단받은 환자들, 완벽주의부터 미루기까지 온갖 증상에 시달리는 사람들 수백 명을 만나 왔다. 책에서는 그중 일부의 이야기를 사례로 들 예정이다(개인 정보 보호를 위해 가명을 사용했다). 실제 환자들의 경험을 미루어 봤을 때, 미루는 습관은 별다른 해를 끼치지 않는 경우도 있으나 이혼과 파산, 건강 문제로 이어지는 심각한 사례도 있다. 하지만 꼭 그렇게 상황이 나빠지리라는 법은 없다. 당신이 장기적인 변화를 이끌어 내도록 이 책이 도와줄 것이다.

《게으른 완벽주의자를 위한 심리학》에는 미루는 습관을 조절하는 데 필요한 정보가 담겨 있다. 하지만 진정한 변화를 원한다면 우선 책을 읽어야 한다. 미루는 사람은 보통 책을 읽고자 했던 동기를 중간에 잃기 때문에 끝까지 읽지 못하는 경향이 있다. 하지만 지금 당신에게는 지속 가능한 변화를 향한 의지가 있다. 그러니 시작부터 좋은 습관을 들여 보자. 미루기 극복을 위한 첫 단계로 지금 당장 종이를 꺼내 이 책을 완독하고 싶은 이유 세 가지를 적어 보자.

그냥 하는 말이 아니다. 종이 한 장을 꺼내 이유를 적고 이 책의 책갈피로 사용하거나, 접착 메모지에 적은 뒤 보이는 곳에 붙여 놓자. 책을 읽는 것보다 더 중요한 건 실제 행동으로 옮기는 일이다. 당신은 할 수 있다.

게으른 완벽주의자를 위한 심리학
차례

나는 왜 늘 미룰까?

1부에서는 미루기의 이면에 숨겨진 심리학을 자세히 들여다본다. 당신은 미루기가 문제를 해결하기보다는 도리어 만든다는 사실을 잘 알고 있으며, 그런데도 계속 미루는 자신에게 매우 실망한다. 그러나 정작 왜 미루는지는 잘 모른다. 1부에서는 미루기의 늪에 빠지는 이유와 이 골칫거리 습관을 반복하게 만드는 심리적 요인을 알아본다. 아울러 문제처럼 보이지 않는 문제를 일으키는 까다로운 형태의 미루기 사례도 살펴본다. 그 뒤에 당신이 가장 궁금해하는 질문에 대한 답을 구해 보자. '나는 왜 미룰까?', '미루기는 언제 문제가 될까?', '내가 미루면 누가 가장 큰 영향을 받을까?'.

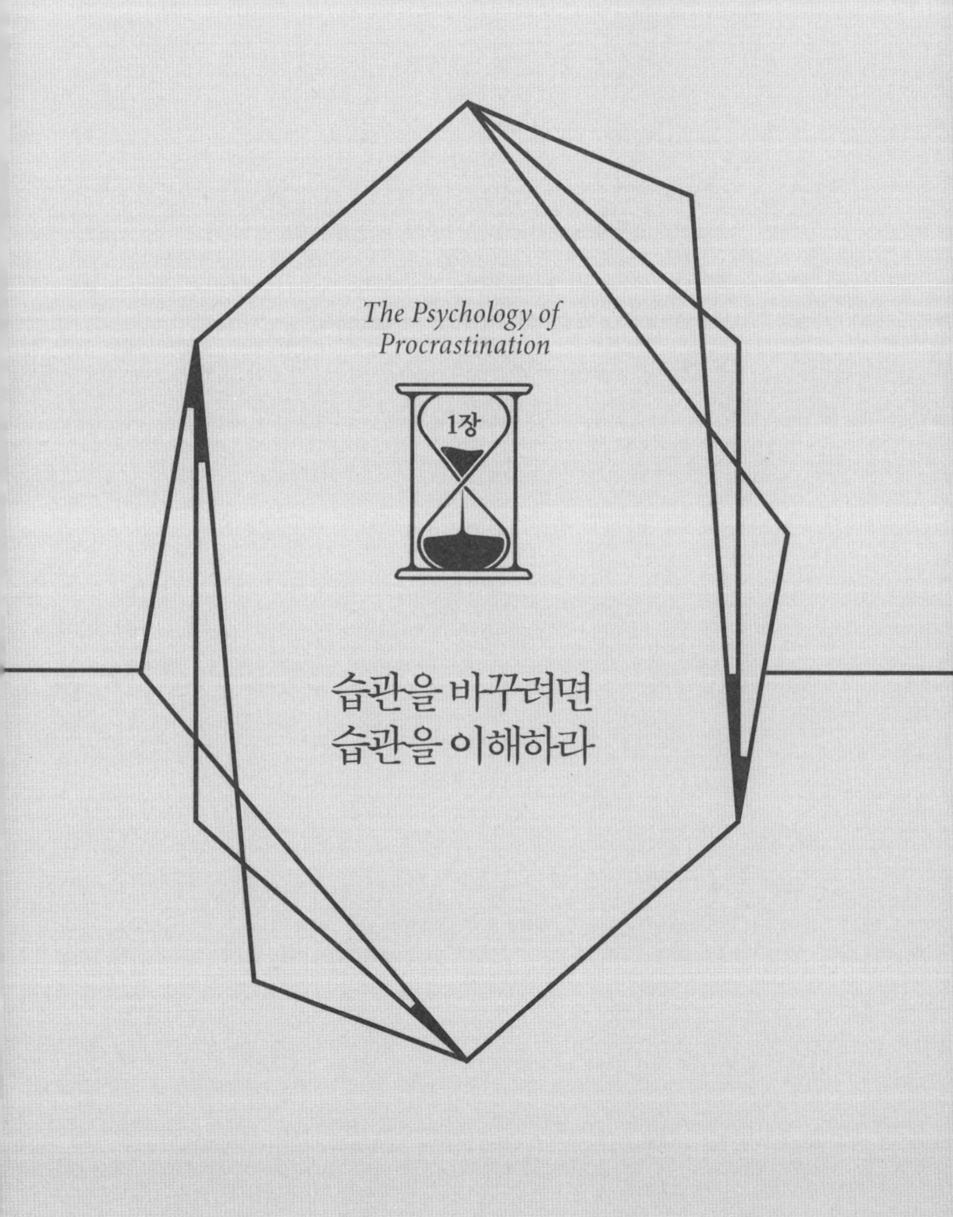

The Psychology of Procrastination

1장

습관을 바꾸려면 습관을 이해하라

습관을 바꾸려면 먼저 습관 자체를 이해해야 한다. 미루기라는 습관을 멈추고 결국 고치려면 이것이 발동하는 순간을 인지할 수 있어야 한다. 미루기는 가끔 참 애매하다. 내가 지금 과업을 미룬다는 사실을 인지하지 못하는 순간도 있고, 미루기가 아닌 것 같은 방식으로 무언가를 미룰 때도 있다. 그렇기에 미루기가 정확히 무엇이고, 어떤 형태를 취하며, 우리 인생에 어떤 방식으로 나타나는지 파악하는 게 중요하다. 병원에서도 말하지 않던가. 조기 발견이 최고의 예방책이라고.

미루기란 무엇인가

미루기procrastination라는 단어는 라틴어 'pro(지지하는)'와 'crastinus(내일의)'의 합성어에서 유래한다. 일반적으로는 상황이 악화할 것을 알면서도 과업이나 결정을 미루는 행위를 의미하며, 조금 더 정확히는 실행하려고 의도했던 과업을 미루는 행위를 말한다. 물론 우리는 언제든 무슨 일이든 할 수 있다. 하지만 미루기란 완수할 계획이 있던 과업을 처리하지 않거나, 결정을 내리지 않는 행동을 의미한다. 벽에 페인트를 칠하려던 계획이 있었으나 실행하지 않으면 미루기이지만, 집이 없거나 페인트를 칠할 필요가 없는 경우에 이를 실행하지 않았다고 해서 미루기라고는 할 수 없다.

보통 자신이 중요하게 여기는 일이나 결정은 잘 미루지 않는다. 가령 스타일을 중시하는 사람이라면 옷 쇼핑을 미루지 않을 가능성이 크다. 반면 저축을 중시하는 사람이라면 쇼핑은 미뤄두고 오래된 리바이스 청바지를 해어질 때까지 입을 확률이 높다. 기본적으로 둘 다 옳고 그름을 판단할 수 있는 행동이 아니다. 다만 우리가 우선시하는 가치는 미루는 행위의 유형에 영향을 미친다.

미루기는 우리 삶의 거의 모든 영역에서 나타난다. 학교 숙제나 직장에서 받은 업무를 시작도 않거나 끝내지 못하는 상황을 가장 쉽게 떠올릴 수 있다. 하지만 단순히 마쳐야 할 기한을 넘기는 것만이 미루기는 아니다. 전화를 걸거나 서류를 작성하는 일, 조사나 연구를 진행하는 일, 도움을 요청하는 일도 미룬다. 직장이나 학교와 관련한 사항이 아니더라도 일상 속 잡다한 일거리나 집안일, 봄맞이 대청소, 식료품 구매, 심부름 등의 일도 미룬다. 이게 다가 아니다. 공과금 납부, 가계 예산 세우기, 대출금 차환 혹은 상환하기, 세금 신고하기 등 돈과 관련해 처리해야 할 일도 미룬다. 할머니께 전화하기, 초대장에 회신하기 등 대인관계 유지에 필요한 일도 미루고, 개인 신상 관리를 위한 일도 미룬다. 병원 치료 예약을 하거나 교회에 가거나, 책을 읽고 취미를 개발하는 일은 시작도 못 한다. 건강이 가장 까다로운 부분이다. 건강검진을 예약하거나 더 유익한 방식의 다이어트를 시작하는 일도, 금연도 금주도 미룬다. 어떠한 형태든 활동이나 과업, 행동 습관, 결정이 있는 곳에는 미룰 여지가 있다.

이러면 안 된다는 걸 알지만

미루기는 과업이나 결정을 단순히 뒤로 연기하는 게 아니라 타당한 이유 없이 연기하는 행위를 뜻한다. 다들 해야 할 일을 그냥 깜빡하는 때도 있지 않은가. 나중에 닥칠 상황을 생각하지 않고 일단 미루는 때도 있다. 하지만 지금 미루면 더 큰 스트레스를 낳고 작업의 질은 떨어지며 마음의 안정을 어지럽히는 등 돌아올 결과가 뻔히 보이지만 미루는 경우도 적지 않다. 토요일 저녁, 당장 할 일이 없어도 다음 주에 있을 친구의 방문을 대비해 집을 청소하는 대신 드라마 〈왕좌의 게임〉을 연달아 보는 편을 택하듯 말이다. 우리 모두 비슷한 경험이 있다. 합리적이지는 않지만, 인간 심리 대부분이 그렇다.

대체로 미루는 사람은 하려던 일, 해야 할 일이 무엇인지 이미 알고 있다. 수행할 능력이 있고, 어느 정도는 하려고 노력도 한다. 하지만 그러면 안 된다는 것을 알면서도, 안 한다. 미루는 사람은 어떤 과업을 완수해야겠다고 생각한 뒤, 실제로 착수하기 전에 다른 행동을 선택해 버린다. 잠들기 전에는 아침 일찍 일어나 운동을 하는 게 좋겠다고 생각하지만 잠자는 사이 우리 뇌가 운동하지 않는 편이 훨씬 더 낫다고 정해 버리는 까닭이 여기에 있다.

미루기의 두 가지 유형

모든 미루기가 같지는 않다. 미루기의 유형은 수동적 미루기와 능동적 미루기, 두 가지로 나눌 수 있다.

수동적 미루기란 가장 대표적인 형태의 미루기이다. 어떤 행위를 하려 했지만 미루고만 있는 것이다. 혹시 당신이 반복적으로 그리고 진심으로 '이것만 끝내면 바로 그 일을 시작해야지'라고 생각한다면 수동적 미루기를 하고 있을 가능성이 크다.

수동적으로 미루는 사람은 마감을 지키거나 결정 내리는 일을 습관적으로 회피한다. 결정을 내린 뒤에도 행동으로 옮기지 않고 계속해서 피하고 미룬다. 꼭 미루려는 의도는 아니지만, 시간을 계속 흘려보낸다. '단순한 주근깨일까? 혹시 흑색종은 아닐까?'하는 마음에 진찰을 받고 싶어도 병원 예약은 잡지 않는다. 어머니 생신을 맞아 축하 전화를 하려다가 마음만 먹은 채로 석 달을 보내기도 한다.

수동적 미루기의 결과로 마감을 어기거나 기회를 놓치게 되면 많은 경우 죄책감을 느낀다. 그리고 이는 심리적 안정감 저하, 자기계발 기회 감소, 대인관계 악화 등 여러 부정적 결과와 관련이 있다.

능동적 미루기는 수동적 미루기보다는 더 의도적인 결정으로, '압박감을 느껴야 능률이 더 오른다'라고 믿기 때문에 일부러 미루는 경우를 말한다.

능동적으로 미루는 사람은 활동이나 결정을 계획적으로 미루며 시간 압박이 자신의 역량을 강화해 주리라 믿는다. 마감이 닥쳐야 훌륭한 논문을 쓸 수 있다는 확신에 차 제출 기한이 임박할 때까지 기다린 뒤 카페인과 수면 부족, 불안의 힘을 빌려 각성 상태를 유지한다는 사례가 익숙하게 들린다면 당신은 능동적으로 미루는 사람이다.

놀랍게도 이게 아주 틀린 말은 아니다! 모든 에너지와 창의력, 의욕을 집중해 막판에 우수한 결과물을 내는 경우도 있다. 하지만 능동적 미루기를 하는 사람들도 일을 미룬 탓에 결과가 부진하거나 손해를 입는 때가 있었다는 사실은 인정한다. 관련 연구에 따르면 이러한 유형의 미루기는 대개 수동적 미루기만큼 해롭지는 않으나, 그렇다고 무해한 것도 아니다.

누구나 미룬다

이렇게 이분법적으로 구분하면 미루는 사람은 따로 있는 것처럼 들릴 수 있지만, 사실 모두가 무엇이든 어느 정도는 미룬다. 기한에 맞춰 세금을 신고한 적이 얼마나 되는가? 반려동물 미용실에 앉아 있으면서 다음 예약 잡는 일을 귀찮아한 적은 없는가? 벽에 묻은 얼룩을 발견하자마자 지운 적이 몇 번이나 되는가? 매일 주어진 시간과 에너지는 유한하므로 어떤 일은 하는 수 없이 미룰 수밖에 없다.

하지만 미루기를 연구하는 조셉 페라리Joseph Ferrari 박사는

"누구나 미루지만, 모두가 미루는 사람은 아니다"라고 말한다. 둘의 차이는 미루기가 얼마나 습관화되어 있으며 일상에 얼마나 해로운 영향을 미치는지에 달려 있다. 결국 미루기는 "불규칙하고 단발적인" 사례부터 "만성적이며 인생의 모든 영역에 영향을 끼치는" 사례에 이르기까지 다양한 범위에 걸쳐 존재한다. 그리고 우리는 모두 그 범위 어딘가에 있다.

그렇다고 쉬는 건 아니다

자신의 미루는 행위를 쉽사리 깨닫지 못하는 이유는 늘 무언가 하고 있기 때문이다. 우리는 할 일을 미뤄 놓고 그저 앉아만 있는 게 아니다. 하나의 과업을 비교적 덜 중요한 다른 과업으로 아주 능숙하게 바꿔치기할 뿐이다. 이 과정에서 우리는 사실 미루는 게 아니라 바쁜 것뿐이라며 합리화한다.

중요한 일을 미루는 대신 필요도 없는 빵을 굽는다는 의미의 '미루고 빵 굽기procrastibaking'(미루기procrastination와 빵 굽기baking의 합성어-옮긴이)라는 말을 들어본 적 있는가? 이 표현법은 미루고 요리하기procrastiplating, 미루고 스케이트 타기procrastiskating, 미루고 낚시하기procrastibaiting, 미루고 산책하기procrastigaiting, 미루고 데이트하기procrastidating, 미루고 섹스하기procrastimating 등 다양한 활동에 적용할 수 있다. 사실 기본적으로 미루는 대신 어떤 활동이든 할 수 있다. 여기에서 핵심은 과업을 나중으로 미루고 그 자리에 덜 중요하거나 더 재미있는 일을 채워 넣는 데 있다.

이렇게 몸을 계속 움직이게 만들면서 우리는 '목표를 향해 나아가고 있으며 미루는 게 나쁜 일만은 아니'라며 스스로를 설득한다. 하루를 돌아보며 끝낸 일에 체크 표시를 하고 성취감을 느낀다. 하지만 자세히 들여다보면 그리 중요하지 않고 급하지 않은 일을 먼저 처리했거나, 큰 의미 없는 세부 사항에 집착하며 정작 해야 할 일은 미뤘다는 사실을 알 수 있다. 대규모 프로젝트에 착수는 했을지 몰라도 계획을 세워 일을 진척시키는 대신 계획 자체에만 집중한다. 할 일 목록을 만들고, 목록을 복사해 형광펜으로 색을 입히고, 이미 완료한 작업을 목록에 더하고, 귀여운 스티커를 붙여 예쁘게 만들고, 온갖 펜을 가져와 예쁜 글씨로 목록을 정성 들여 다시 쓰고, 이렇게 만든 목록을 사진으로 찍어 인스타그램 스토리에 올린다. 그러니 맞다. 시작은 했다. 하지만 해야 할 일보다는 미루기를 더 많이 했다.

미루기가 심각한 문제가 되는 순간

주어진 일을 미루는 대신 재미있는 활동을 하므로 우리는 미루기를 즐겁다고 느낄 수도 있다. 하지만 미루기는 돌이킬 수 없는 피해를 발생시키기도 한다.

공부를 아주 열심히 하는 똑똑한 대학생 탈리아는 오는 가을 의과대학원에 지원할 수 있도록 의과대학원 입학시험을 치러야 했다. 하지만 탈리아는 불안했다. 단 한 번의 시험 결과가 그녀의 미래를 좌우하게 될 터였다. 그래서 입학시험을 준비하는 대신 학교 수업 내용을 공부하는 데 더 집중했으며 교내 활동에도 적극적으로 참여했다. 탈리아의 행동은 전혀 미루는 것처럼 보이지 않았다. 하지만 시험 준비를 피하던 탈리아는 입학시험 응시 등록도 차일피일 미뤘고, 결국 여름이 되자 그해 응시 정원이 모두 차 버려 대학원 입학을 1년 미뤄야 하는 상황이 되고 말았다. 그해 가을, 동기들이 의대에 입학하는 동안 여전히 부모님 집에서 살면서 서점에서 일하는 자신의 모습을 보며 탈리아는 수치심을 느꼈다.

미루기는 자기비판과 정신적 고통이 생기는 순간부터 문제가 된다. 탈리아는 부끄러움을 느꼈고, 지금의 처지에 놓이게 만든 자신을 '멍청하다'고 생각했다. 더불어 탈리아가 동기들과 함께 진학할 기회를 놓친 것처럼, 삶에 실질적인 피해를 입힐 때도 미루기는 문제가 된다. 꼭 인생을 망칠만한 사건이 생겨야 하는 건 아니다. 미루기가 습관이 되거나, 시간이 지나며 사소한 손해를 일으키거나 중대한 기회를 날려 버리거나, 그 외 여러 문제를 일으키는 때에도 미루기는 문제가 된다.

심리학으로 해결할 수 있다면?

백이면 백, 우리 모두 때때로 무엇이든 미룬다고는 하지만, 약 20퍼센트의 사람들은 만성적으로 미루기의 영향을 받는다.

대학생 사이에서 이 문제는 더 심각한데, 70~95퍼센트의 학생은 자신이 미루는 사람이라고 생각하며 절반 이상은 자신의 미루는 습관이 심각한 문제라고 여긴다.

미루기는 상습적으로 발생하기도 하지만, 시간도 크게 낭비한다. 학생들은 하루의 3분의 1 이상을 미루기 관련 활동을 하는 데 보낸다고 인정한다. 또한 미루는 사람의 95퍼센트 이상은 이 습관이 해롭다는 사실을 인지하고 있으며 고치길 원한다.

연구에 따르면 학생들이 할 일을 미루는 이유는 공부법이나 정리법을 모르기 때문도 아니고, 시간 관리에 실패해서도 아니다. 직장인의 경우도 마찬가지이다. 미루기는 우리가 처한 환경에서 뇌가 정보를 처리하는 방법, 과거에 일을 미루거나 실패한 끝에 겪은 경험, 선택지에 미루기가 있을 때 택하는 행동, 어려운 과업에 착수하려 할 때 드는 감정 등 여러 심리학적 요인이 굉장히 복잡하게 얽혀 작용한 결과이다. 더욱이 미루는 경향에는 일부 유전적인 요인도 기여한다.

미루기는 단지 게으름이나 노력의 문제가 아니다. 미루기는 심리학적 문제이다. 다시 말해 심리학을 활용하면 극복할 수도 있다는 의미다.

나의 미루기 습관은 어느 정도일까?

누구나 미룬다면 나의 미루는 습관이 얼마나 심각한지 어떻게 알 수 있을까? 다음 질문에 답해보자.

1. 해야 할 일이 중요하다는 사실을 알면서도 미루는가? ☐
2. 마지막까지 일을 미룬 탓에 연체료 등 추가 지출을 한 경험이 있는가? ☐
3. 어쩔 수 없는 경우에만 결정을 내리는 편인가? ☐
4. 스스로 세운 계획을 따르지 않는 자신에게 친구나 가족이 화를 내는가? ☐
5. 중요한 일을 주로 막판에 끝내는 편인가? ☐
6. 일을 너무 오래 미뤄 불필요한 스트레스를 받는가? ☐
7. 금방 끝날 간단한 일을 쓸데없이 오래 미루는가? ☐
8. 일을 마칠 시간이 부족하여 문제를 겪는가? ☐
9. 마감이 다가오면 다른 일을 하며 시간을 허비하는가? ☐

10. 어떤 활동이나 과업을 더 빨리 시작했다면 지금 자신의 삶이 더 나아졌으리라 생각하는가? □

'그렇다'라는 답변이 4개 이상이면 당신의 미루기는 문제가 되는 수준일 수 있다. 하지만 심각도를 판단하는 일은 미루는 주기를 분석하고 미루는 활동을 파악하는 것만큼 단순하지 않다. 이는 또한 미루기가 우리 삶에 초래하는 피해의 정도를 판단하는 일이기도 하기 때문이다. 만약 짝수 문항 중 1개 이상에 '그렇다'라고 답했다면 당신은 미루기가 단지 습관이나 간헐적으로 나타나는 행동이 아니라는 것을 알고 있다. 당신은 미루기가 자신의 인생에 악영향을 미치면서 금전적, 사회적 손해를 입히고 있으며, 여러 기회와 감정적 편안함을 희생하게 만들고 있다는 사실을 이미 인지하고 있다.

미루기에 대한 도덕적 오해

문제를 일으키는 미루기에 관한 최초의 기록은 2,500년도 더 거슬러 올라가지만, 발생 원인과 극복 방법에 관한 구체적인 지침은 아직 많지 않다. 심리학은 비교적 새로운 분야이며, 미루기에 관한 실험 연구는 1980년대가 돼서야 시작되었다. 게다가 그중 3분의 2는 최근 10년 동안 이루어졌다. 지난 10년간 심리학자들은 미루기와 성격적 특성, 정신적 건강 상태 사이의 관련성을 연구했고, 측정을 위한 설문지와 도구를 개발했으며, 연관된 두뇌 영역을 탐구하면서 다른 동물이 미루기를 하는 방식도 조사했다. 그리고 "대체 왜 사람들은 잠이 드는 것까지 미룰까?"와 같은 질문을 계속해서 던졌다.

지난 수백 년 동안 사람들은 미루기가 일종의 도덕적 결함이라고 오해해 왔다. 하지만 과학 연구 덕분에 미루기 습관은 바꿀 수 있고 치료 가능한 심리 상태라는 점을 증명할 수 있었다.

내가 운영하는 클리닉에 상담을 받으러 오는 거의 모든 분들은 다양한 형태의 미루기로 인해 고통받는다. 대부분은 첫 진료를 예약하는 데에도 수개월에서 수년이 걸렸으며, 그중에서도 적지 않은 사람들이 치료 과정 중에도 미루기를 멈추지 않는다. 나에게 중요한 문제를 공유하는 것도, 치료의 일환으로 내준 과제도 당연히 미룬다. 미루는 습관은 대부분의 정신 건강 문제에서 나타나는 증상이다. 우울증 환자는 침대에서 나오거나 친구를 만나는 일을 미루며, 불안증 환자는 자신이 옳은 선택을 할 수 있다는 확신이 들 때까지 결정 내리는 것을 미룬다. ADHD 환자의 경우 미루기는 일상이다.

앞으로 이어질 내용을 통해 우리는 미루기의 근본적인 원인이 무엇인지 이해하고, 이를 극복할 계획을 세울 것이다. 먼저 미루기의 원인과 영향을 파악해 보자.

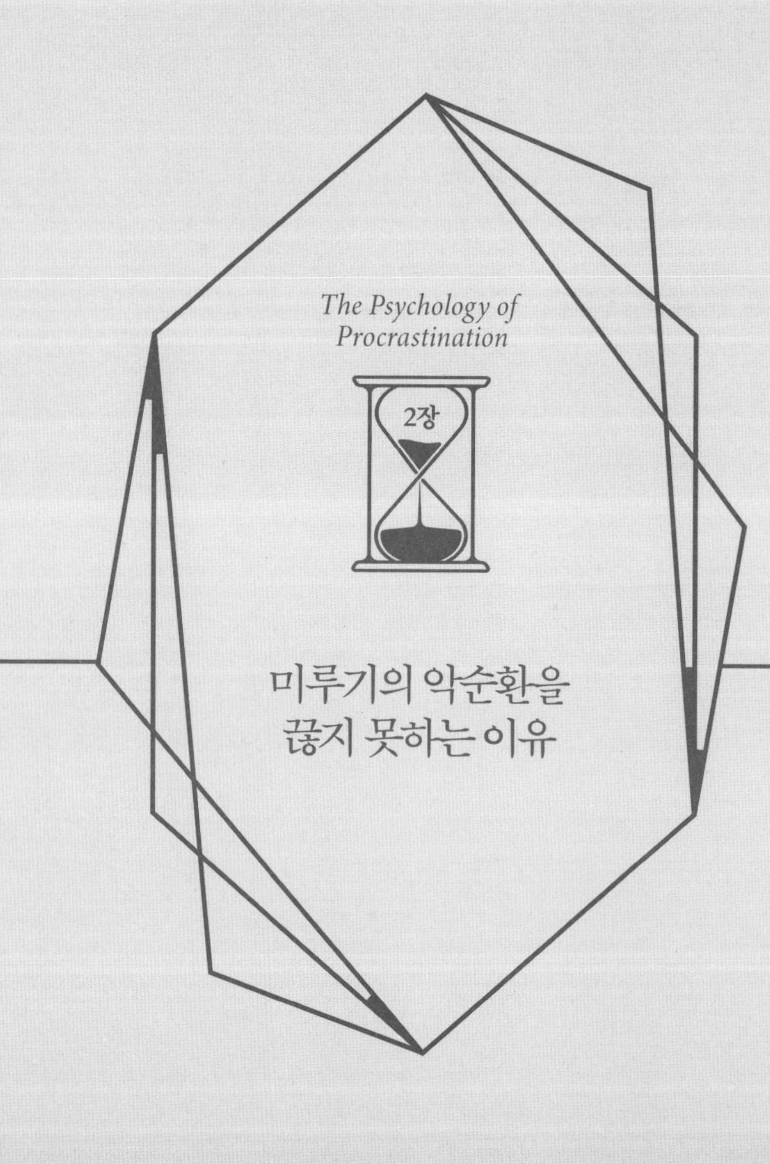

The Psychology of Procrastination

2장

미루기의 악순환을 끊지 못하는 이유

미루기가 무엇이고 우리 인생에서 어떤 방식으로 나타나는지 알았으니, 이제 미루기를 멈추는 게 왜 그렇게 어려운지 살펴보자. 어떤 일을 미룰 때 우리는 미루기가 또 다른 미루기를 낳는 악순환에 빠진다. 하루가 일주일이 되고, 일주일은 한 달이 되고, 깨닫지 못하는 사이에 수년이 지나 있다. 미루기의 악순환이 어떤 방식으로 작동하는지 이해해야 악순환을 끊을 수 있다.

습관을 유발하는 원인은 다양하다

여타 복잡한 심리 현상과 마찬가지로 미루기 역시 여러 요소가 작용한 결과이다. 과도한 업무량을 수용할 정도로 시간 관리, 자기주장 능력이 부족한 것도 미루기를 유발하는 데 일부 영향을 미치겠지만 직접적인 원인으로 작용하지는 않는다. 미루기는 결국 뇌가 정보를 처리하는 방식과 우리의 감정, 시간 개념, 사고방식이 얽히고설킨 결과다. 이 습관을 유발하는 요소를 이해해야 대응 전략도 세울 수 있다.

동기와 자제력이 부족한 걸까?

미루기에 관해 이야기할 때 흔히들 "오늘은 운동할 의욕이 없어", "바닥 청소할 기분이 아니야", "지금은 과제 할 정도로 머리가 돌아가지 않아"와 같이 행동을 하게 만드는 계기, 즉 동기와 관련한 측면에서 접근하곤 한다. 하지만 미루는 사람에게도 동기는 있다. 다만 마감일이 다가와야 그 동기가 강해질 뿐이다. 이러한 현상을 '과도한 미래가치 폄하hyperbolic discounting'라고 부른다. 이 현상은 만족감을 나중으로 미루지 못하고, 당장 눈앞에 있는 것을 선호하는 성향에 일부 기인한다. 미루지 않는 사람이 더 어려운 과업에 먼저 착수하려 하는 반면, 미루는 사람은 즉각적인 보상과 즐거움을 선호하므로 더 흥미로운 과업으로 일과를 시작하곤 한다.

미루는 사람은 실패에 잘 대처하지 못하고, 문제에 봉착하면 포기하는 경향이 있다. 집중력을 떨어뜨리는 대상에 저항할 수 있고 문제 해결 능력이 있으며 목표를 수행할 수 있다는 자신감이 부족하면 자제력과 동기 부여에 타격을 입으며, 결국 미루기를 유발하는 요소로 작용한다.

목표를 제대로 수행하고 있는지 스스로 점검하는 능력도

미루기에 영향을 미친다. 슈퍼마켓에서 과자 코너를 기웃거리면서도 조금 전 이미 과자 한 봉지를 먹어 치웠다는 사실을 떠올리는 것이 바로 자기 점검이다. 집을 청소한다고 해 놓고 세 시간 동안 비디오 게임을 했다는 사실을 떠올리는 것 역시 자기 점검이다. 계획한 행동과 실제 행동 사이의 차이를 깨닫는 것이다. 늘 엄격하게 자기 점검을 할 수는 없겠지만, 미루는 사람은 특히 이러한 방식의 자기 점검에 꽤 자주 애를 먹는다. 자신의 행동을 살피지 않는다면 미루기는 언제까지고 사라지지 않는다.

무언가를 시작하려면 불안함부터 느낀다

미루는 사람은 대개 적은 양의 일을 지금 하기보다는, 더 많이 일하더라도 나중에 하는 편을 택한다. 이는 과업을 시작할 때 느끼는 불확실성, 무기력함, 짜증과 같은 감정과 일부 관련이 있다. 미루는 사람은 미래의 감정이나 장기적인 목표보다 현재의 감정에 더 집중한다. 더욱이 이들은 보통 사람보다 과업에 싫증을 더 잘 느끼는데, 미루지 않는 사람보다 쉽게 따분함을 느끼기 때문으로 보인다. 싫증은 더 부정적인 감정으로 확대되고 결국 그러한 감정을 피하는 과정에서 미루려는 충동은 더 강해진다.

박사 과정을 밟고 있던 소피아는 어마어마한 양의 글을 써서 학위 논문을 완성해야 했다. 대량의 작문은 상당한 불안과 스트레스를 유발하는 일이다. 소피아에게는 자연스레 과업을 피하는 대신 정원을 가꾸고 싶은 욕구가 일었다. 다들 그렇지 않은가? 미루려는 욕망을 자극하는 과업일수록 어렵고 진저리칠 만큼 재미도 없으며, 부정적인 감정은 더 격해진다.

논문을 쓰려 책상 앞에 앉자 가슴이 꽉 막힌 듯 답답함을 느꼈던 소피아는 미루기로 마음먹자마자 안도감을 느꼈다. 소피아의 뇌는 불안보다 안도감이 더 낫다고 판단했고, 그녀가 글쓰기라는 일을 떠올릴 때마다 미루도록 부추겼다. 다른 수많은 미루는 사람과 마찬가지로 소피아에게도 자신의 감정을 회피하는 습관이 생겼고, 습관이 무의식적으로 매우 빠르게 형성된 나머지 그녀는 뇌에서 감정을 차단하기도 전에 이미 부정적인 감정을 거의 느끼지 못했다.

글쓰기에서 오는 부정적인 감정을 피하려는 소피아를 비난할 수는 없다. 우리 사회는 감정이란 두려운 존재이며 피해야 한다고 가르쳐 왔다. 사람이 많이 오는 행사에 가는 게 불안하다면? 칵테일 한 잔을 쭉 들이켜면 아무것도 느낄 수 없을 거다. 불편한 감정은 누구나 피하고 싶어 한다. 하지만 미루는 사람은 이를 특히 크게 받아들이며, 불편한 상황을 잘 참지 못하고 효과적으로 대처한 경험도 더 적다. 이러한 특성으로 인해 감정의 회피, 그리고 나아가 미루기의 고리에서 벗어나지 못하게 되는 것이다.

회피라는 감정 대응 전략은 미루기에 큰 영향을 미친다.

미래의 나에게 불친절한 현재의 나

살면서 비행기에서 뛰어내릴 일은 거의 없다. 하지만 경험한 적이 없어도 우리 뇌에는 스카이다이빙이 어떤 느낌일지 어느 정도 상상할 수 있는 능력이 있다. 사실 비행기에서 뛰어내리는 일이 얼마나 무서울지 예상할 수 있는 덕분에 이를 굳이 실행에 옮기지 않는 것일지도 모른다.

현재의 내가 미래의 내 모습을 상상할 수 있듯 미래를 미리 그려보는 능력은 인간 두뇌에 커다란 진화적 이점을 제공하지만, 동시에 한계도 지닌다. 가령 미래에 느낄 감정의 강도는 예측이 어렵다. 비행기에서 뛰어내리면 무서우리라는 점은 이미 알지만, 내 등에 매달린 육중한 무게의 강사가 내 발을 출구 끄트머리로 미는 상황은 분명 더 무서울 것이다. 비행기에서 뛰어내리는 상황은 실제로 발생하기 전까지는 현실과 다소 동떨어진 추상적인 관념일 뿐이다. 비슷한 맥락에서 미래의 내가 생각하고 느끼리라 예상하는 감정 역시 실현되기 전까지는 추상적인 관념일 뿐이다.

무언가를 미루기로 하면 그 결과는 충분히 예상할 수 있다. 작업 시간은 부족해지고 동료들은 실망하고, 예상치 못한 문제와 맞닥뜨릴 수도 있다. 하지만 과업을 미룬 결과 발생할 감정을 예상할 때 우리는 대개 관대해지는 경향이 있다. 미뤘기 때문에 발생할 스트레스, 미루는 패턴이 반복되는 데에서 오는 죄책감, 기회를 놓친 실망감의 강도를 과소평가한다.

뛰어난 예측가라고 해도 한계는 있다. 하물며 미루는 사람은 예측하는 능력이 전반적으로 부족하며 선택의 결과를 잘 고려하지 못한다. 지금 하는 일과 느끼는 감정에 더 중점을 두고 미래에 대한 염려는 상대적으로 적다. 결국, 미래의 필요가 아니라 당장의 욕구를 우선시하게 된다.

현실과 동떨어진 시간 개념

우리 뇌가 소질이 없는 분야가 하나 더 있다. 시간을 가늠하는 능력이다. 사람은 어떤 일을 끝내는 데 드는 시간에 대한 이해가 전혀 없다. 차로 공항까지 23분 소요된다는 지도 앱의 안내에도 불구하고 늦게 도착하는 이유는 차에 여행 가방을 싣는 데 5분이 더 걸린다는 사실을 간과했기 때문이다. 차를 주차한 뒤 셔틀버스를 타고 공항까지 가는 12분을, 보안 검색대를 찾아가는 3분을 고려하지 않았기 때문이다. 공항에 일찍 도착하려던 계획은 무산되고 결국 비행기 탑승 시간이 다 되어서야 겨우 게이트에 모습을 나타내는 이유이다.

시간을 과하게 어림잡기도 한다. 공항에 도착하는 데 세 시간 정도면 충분할 테고, 두 시간가량은 면세점에서 향수를 구경하며 시간을 보내면 되겠다고 생각한다. 다들 비슷한 경험이 있을 것이다. 인간은 시간을 제대로 이해하지 못한다.

시간을 과소평가하든 과대평가하든, 두 경향 모두 미루기에 영향을 미친다. 예상 소요 시간을 적게 잡으면 지금 미루더라도 나중에 끝낼 시간이 충분히 있으리라 생각하게 된다. 손님이 도착하기 10분 전에야 늘 요리를 시작하는 이유가 바로

이 때문이다.

반면 시간을 지나치게 많이 잡으면 일을 끝낼 시간이 부족하다고 생각하고, 일단 미룬 뒤 마법처럼 시간이 넘치는 미래의 어떤 날을 기다리게 된다. 침대 시트 바꾸는 일을 자꾸만 미루는 까닭이 여기에 있다. 겨우 5분 걸릴 일을 20분이나 예상하고 당장 실행할 시간이 없다고 믿는 것이다. 게다가 시간을 과하게 예측하면 우리는 압박감을 느낀다. 일이 힘들 것 같으니 피하고 싶고, 그래서 미룬다. 감정은 이런 방식으로 우리가 미루고 또 미루게 만든다.

'완벽한 타이밍'은 없다

과업에 필요한 시간을 과대평가하면 미루기의 수렁, 즉 '완벽한 타이밍'을 기다린다는 늪에 빠질 수밖에 없다. 피곤하지 않을 때, 영감이 넘쳐흐를 때, 꼭 해야 할 일이 없을 때, 급한 상황일 때, 그리고 과업을 마치는 데 필요한 모든 재료가 갖추어져 있는 때가 바로 일을 하기에 완벽한 타이밍이다.

하지만 사실 우리는 지금 피곤하고, 별로 할 마음이 없고,

더 재미있는 일도 있고, 적어도 오늘은 그 일을 마칠 시간이 충분치 않다. 하지만 설령 지금 상황이 여의찮다고 해도 시작은 할 수 있다. 무슨 일이든 더 작은 단위로 쪼갤 수 있으므로, 당장 처음부터 끝까지 할 시간이 없다 하더라도 일부는 끝낼 수 있다.

완벽한 타이밍은 유니콘과 같다. 존재하지 않는다는 말이다. 예컨대 유튜브에 올라온 유산소 운동 영상을 보며 홈트레이닝을 시작하려는 사람에게 완벽한 타이밍은 찾아오지 않는다. 에너지가 넘치거나 훨씬 더 재미있는 일이 없을 때는, 실제로 운동할 마음이 드는 때는 오지 않는다. 목표를 반드시 이루고 싶다면 시기가 적절하지 않더라도 실행에 옮겨야 한다. 인정하자. 세상은 우리 삶에 할 일 하나 없는 여유란 절대 주지 않는다.

실패에 대한 두려움

완벽한 타이밍을 기다리는 것만이 실행으로 옮기는 능력을 둔화시키는 건 아니다. 미루기를 유발하는 또 다른 원인으로는 실패에 대한 두려움이 있다. 가령 '지금 다이어트를 시작한다 한들 아마 며칠 하다 곧 그만두겠지'라던가, '이력서가 완벽해지기 전까지는 제출할 수 없어'와 같은 식이다. 이러한 생각 때문에 결국 다이어트를 시작하지 못하고, 회사에 이력서를 내지 못한 채로 상황은 종료된다.

실패에 대한 우려는 불확실성에서 오는 두려움과 연관이 있다. 긍정적인 결과가 보장되어야 시작할 수 있다며 핑계를 대는 것이다. '음… 지금 하는 일이 썩 마음에 들지는 않지만, 그렇다고 다른 일을 구해봐야 지금보다 상황이 더 안 좋을지 누가 알아? 그냥 하던 일이나 계속해야겠다.' 익숙하게 들리지 않는가?

이 외에도 우리는 무언가를 시작하기에는 힘이 없다고 생각하거나('너무 피곤해서/숙취가 심해서/불안해서/생리 기간이 다가와서 지금은 못 하겠어'), 고집스럽고 반항적인 사고에 갇혀('내가 하는 방식이 더 나아', '남이 하라는 대로 할 필요 없어') 일을 미루기도 한다.

그리고 모두가 그렇게나 열렬히 환호하는 바로 그것, 뒤처지는 것에 대한 두려움Fear Of Missing Out, FOMO도 미루기를 유발하는 원인 중 하나이다. 이런 식이다. '이런 지겨운 일을 하면서 재미를 놓치기에 인생은 너무 짧아.' 이러한 사고 과정 중 어떤 것이든 결국 핑계가 되어 미루기를 정당화하고 또 유발할 수 있다.

그렇다고 미루기가 늘 특정한 사고 과정의 산물인 것은 아니다. 때로는 우리 뇌가 정보를 분석하는 방식 때문에 과업을 시작하지 못하는 경우도 있다. 미루는 사람은 어제 끝내지 못한 과업을 좀처럼 잘 떠올리지 못한다. 즉, 미완성된 일은 완성되지 않은 채로 계속 남아 있게 되는 것이다. 의사 결정을 해야 하는 별개의 일이 있는 등 또 다른 과업의 방해로 하던 일을 마치지 못하는 때도 있다. 그리고 앞선 소피아의 사례처럼 과업에서 부정적인 감정을 느끼면 우리 뇌는 (학위 취득이 우리 가족에게 제공할 이점과 같은) 주어진 일이 지닌 의미와 중요성을 잘 떠올리지 못한다. 그리고 미루기로 이어질 가능성은 더 커진다.

미루기는 단 하나의 원인이 작용하여 발생하는 현상이 아니다. 유전자, 뇌의 작동 방식, 생각과 감정의 유형, 우리가 내리는 결정 등 다양한 요소가 복합적으로 반영되어 발생한다.

미루기는 시간 관리 문제일까?

- 오해: 미루기는 시간 관리 문제이다.
- 진실: 미루든 미루지 않든, 우리에게는 하루 24시간, 주 7일이라는 시간이 주어져 있다. 시간은 통제할 수 없지만 우리가 하는 활동과 내리는 결정은 통제할 수 있다. 미루기는 시간 관리 문제라기보다는 활동이나 의사결정 관리의 문제이다.

- 오해: 미루는 사람은 압박감을 느껴야 일을 잘한다.
- 진실: 여러 연구에 따르면 시간 압박을 받는 경우 미루는 사람의 성과는 더 떨어지는 것으로 나타났다. 일 처리 속도는 느려지고, 미루지 않는 사람 대비 실수를 더 자주 저지른다.

- 오해: 기술이 발달하며 미루기가 더 쉬워졌다.
- 진실: 미루는 대신 하는 여러 활동 중 게임과 같은 것들은 디지털 시대에 새롭게 부상한 것이 맞다. 또한 산업화 시대에서 우리가 지

켜야 하는 일정과 쏟아야 하는 노력은 미루기를 더 눈에 띄는 골칫거리로 만든다. 하지만 지난 수천 년 동안에도 사람들은 할 일을 미뤘다. 대신 책을 읽거나 사교 활동을 하거나, 혹은 아무것도 하지 않았다.

- 오해: 내가 미룬다고 해서 피해 볼 사람은 없다.
- 진실: 제때 이메일을 회신하지 않으면 동료가 피해를 본다. 주어진 몫의 집안일을 하지 않으면 배우자가 고생한다. 마음 건강을 돌보지 않으면 자녀에게 스트레스와 예민함을 발산하게 되어 결과적으로 아이들이 고통받는다. 사람은 모두 연결되어 있다. 대부분의 미루기는 내가 사랑하는 사람, 함께 생활하는 사람, 함께 일하는 사람에게 영향을 미친다.

- 오해: 미루는 사람은 게으르다.
- 진실: 실제로 미루는 사람의 뇌는 그렇지 않은 사람의 뇌와 다르다. 이러한 차이 때문에 미루는 사람은 스스로 동기를 부여하고, 과업을 시작하고, 유혹을 뒤로하고 목표를 꾸준히 수행해 가는 일을 어려워한다.

일을 미루면 벌어지는 일들

기말 과제 점수가 깎이거나 신용카드 연체금을 내는 등 단기적인 영향만 있으리라는 생각과 달리, 미루기는 사실 우리 삶 구석구석에 장기적인 상흔을 남긴다. 미루는 사람은 신체 건강이 악화되고 정신 건강에 문제가 생길 가능성이 커지며, 자존감이 낮고 급여도 낮으며, 고용 기간이 짧고 더 큰 실업 위기에 처하며, 전반적으로 불행해한다. 일을 미루면 삶에 어떤 일이 벌어질지 몇 가지 사례를 살펴보자.

몸과 마음의 건강이 나빠진다

애슐리를 만난 건 그녀가 법대에서 첫 학기를 마친 뒤였다. 애슐리는 과제를 제대로 해내지 못했고, 학기가 끝날 때쯤에는 무척 우울해하며 자신에게는 변호사가 될 능력이 부족하다고 생각했으며, 극심한 스트레스로 공황 발작까지 겪고 있었다.

애슐리의 사례처럼, 미루는 사람의 94퍼센트는 미루기가 자신의 행복감에 부정적인 영향을 미친다고 답한다. 또한 미루기가 유발한 감정적 고통을 완화하기 위해 건강한 방식의 대처법을 더 적게 활용하는 경향이 있으며, 이는 결국 자책, 자기비판, 불안, 우울, 지각된 스트레스perceived stress(자신이 겪는 스트레스의 정도에 대해 드는 감정이나 생각으로, 감당할 수 없다거나 통제력을 상실했다고 느끼는 정도를 뜻한다-옮긴이)를 유발하는 원인이 된다.

간혹 '시험공부를 나중에 하면 당장 스트레스가 줄겠지'라며 스트레스 대처 방법으로서 미루기를 활용한다. 그리고 이는 사실이다. 시험이 아직 먼 미래의 이야기라면 말이다. 그러나 시험이 다가올수록 미루는 사람은 그렇지 않은 사람보다 더 큰 스트레스를 겪으며, 두통과 소화 불량, 감기, 독감, 불면

증 등 건강 문제도 더 많이 겪는다. 동일한 양의 스트레스가 단순히 미래로 전가된 게 아니다. 연구에 의하면 미루기로 인해 결과적으로 더 많은 스트레스를 얻게 된다.

미루기는 스트레스를 유발하고(스트레스가 미루기를 부르는 게 아니나), 스트레스는 우리 신체의 여러 심리적 과정을 활성화하며, 면역력을 떨어뜨리고 염증 처리 능력에 악영향을 준다. 그 결과 고혈압이나 심장병 등 건강 문제가 발생할 가능성이 커진다. 더욱이 스트레스 반응은 운동이나 건강한 식습관 유지, 충분한 수면 등 건강 유지 활동을 하려는 우리의 의욕을 꺾는다.

금전적 손해가 발생한다

만성적인 미루기가 해치는 건 우리의 몸과 마음만이 아니다. 우리의 지갑도 포함된다. 미국 세무 컨설팅 기업인 H&R블록H&R Block이 실시한 2002년 연구에 따르면 미국인의 40퍼센트는 4월이 돼서야 세금을 신고하는 것으로 나타났다(미국의 개인 소득세 신고는 통상 다음 해 1월에 시작해 4월 15일에 마감된다-옮긴이).

지연가산세나 급하게 처리하는 과정에서 생기는 실수 등 세금 신고를 늦게 한 탓에 발생한 금전적 손해는 인당 평균 400달러에 달했다. 이러한 이유로 인해 2002년에는 4억 7,300만 달러 이상의 세금이 과잉 납부되었다.

동일한 연구에 따르면 많은 미국인은 노후 자금 마련도 미루는 것으로 나타났다. 다시 말해, 은퇴 후 취미 생활을 즐기거나 댄스 플로어에서 마카레나 춤을 추거나 멕시코에 있는 개인 소유의 해변에서 칵테일을 마시며 시간을 보내는 대신, 여전히 아침부터 저녁까지 일하고 있으리라는 것이다. 은퇴 자금이 없기 때문이다.

미루기는 그 외에도 소소한 방식으로 다양한 금전적 손해를 일으킨다. 청구서 대금을 제때 납부하지 않아 연체료가 발생하거나, 환불 기간을 놓친 탓에 잘못 주문한 스웨터를 어쩔 수 없이 입게 되거나, 늦장을 부려 대중교통 대신 택시를 타고 공항에 가는 등의 경우처럼 말이다.

결과물의 질이 떨어진다

미루기는 우리의 금전 상태에도 해를 끼치지만 결과물의 질도 해친다. 우리 클리닉의 피상담자 중 한 명인 메이슨은 회사의 새로운 정책 때문에 팀원들이 힘들어한다는 사실을 글로 정리해 상사에게 보고하려 했다. 하지만 미루고 미루다가 보고할 수 있는 시간이 한 시간 밖에 남아 있지 않았음을 깨달은 메이슨은 허겁지겁 글을 썼다. 서두른 나머지 중요한 불만 사항 몇 가지를 미처 적지 못했고, 시간이 부족해 팀원들의 검토도 받지 못한 채 제출했다. 문서에는 오탈자까지 있었다. 메이슨의 편지를 확인한 상사는 결국 팀의 불만 사항을 심각하게 여기지 않았다.

메이슨의 사례는 충분히 공감이 가능하다. 미루는 사람이 낸 결과물은 부실한 경우가 적지 않기 때문이다. 학교에서는 과제나 시험 성적, 평점이 낮거나 수업을 중도에 포기하는 형태로 나타난다. 하지만 졸업 후에도 이들의 미루기는 다시 결과물의 질 저하로 이어진다.

인간관계를 망친다

굉장히 성공한 축에 들었던 한 피상담자가 우리 클리닉에 방문한 이유는 무척이나 중요한 사안을 미룬 탓에 결혼 생활이 파탄 날 위기를 맞았기 때문이었다. 마흔두 살의 마이클은 '올해의 아버지' 후보에 올라도 손색이 없을 정도로 탄탄한 가정을 꾸린 성공한 사업가였다. 그러나 마이클은 몇 년 동안 사업의 재정 상태를 제대로 관리하지 않았다. 당시에는 그리 급해 보이지 않았기 때문이다. 하지만 장부를 정리하며 발생한 사소한 실수가 쌓여 결국 사업 자체가 심각한 위험에 처하게 되었고, 이는 가정의 안녕과 안정, 가족 관계가 위험에 처했음을 의미했다. 사업으로 수익을 올릴 수 없다면 집세를 낼 수 없고, 디즈니랜드에 놀러 갈 수도 없고, 다섯 살 딸아이의 댄스 학원비도 낼 수 없었다.

마이클의 사례는 다른 피상담자에게서도 자주 듣는 이야기이다. 어떤 일을 해야겠다는 동기를 얻지 못해 결국 주변 관계가 무너지고 마는 것이다. 사실 솔직히 말하면 사람들이 내 클리닉에 오는 이유는 다른 무엇보다 '인간관계 문제' 때문인 경우가 많다. 사랑하는 사람들이 영향을 받기 전까지는 모든 게 괜찮은 척 할 수 있다.

우리는 미루기가 '나의 문제'라고 생각한다. 일을 끝내기 위해 밤을 새우는 건 나다. 옷을 개는 일을 미룬다 한들 누가 상관하겠는가. 힘든 건 다름 아닌 나다. 하지만 대부분의 경우, 미루기는 '우리의 문제'이다. 마이클은 세금 신고와 납부를 미뤘고, 아내는 그의 행동이 불러온 결과에서 배신감과 기만을 느꼈고 남편이 원망스러웠다. 그녀는 마이클에게 사업을 온전히 맡길 수 없었고, 그가 필요한 때에도 믿고 도움을 청할 수 없었으며, 혹시 남편이 무언가 숨기고 있지는 않을까 끊임없이 걱정했다. 마이클이 오랜 시간 동안 재정 처리를 미룬 결과 아내는 예민해졌고 불안해했으며, 가슴 속에는 늘 화가 치밀었다.

당신이 부모나 사업가가 아니더라도 미루기는 당신의 인간관계를 해칠 수 있다. 동료의 이메일이나 전화에 때맞춰 응답하지 않거나, 배우자나 연인 사이에 발생한 문제를 대화로 해결하는 대신 뒤로 제쳐놓거나, 친구들과 계획 세우는 일을 미적거린다면 결국 주변 사람들과의 사이에서 불필요한 문제를 만들게 된다. 즉, 나의 미루기가 우리의 골칫거리, 우리의 분노와 짜증으로 바뀌는 것이다.

그런데 일단 기분은 좋다

여러 문제를 발생시키기는 하지만 미루면 일단 기분은 좋다. 빨래를 개고 예산을 짜고 이력서를 마저 작성하는 것보다 넷플릭스를 보고 인스타그램 피드를 새로 고침 하고 인터넷 쇼핑을 하며 저녁을 보내는 편이 훨씬 더 즐겁다.

적어도 지금 당장은 말이다. 물론 나중에 가서는 중요한 일을 미룬 대가를 치러야 한다. 여기에서 '대가'는 임박해서 일을 끝내느라 조급해하며 스트레스받는 것, 목표를 달성하지 못해 의기소침해지는 것, 미완성된 과업이 잔뜩 쌓여 있는 모습을 보며 패배감을 느끼는 것, 나의 미루기가 사랑하는 사람에게 미친 영향에 수치스러움을 느끼는 것을 의미한다. 결국 반복되는 악순환과 거듭된 자신을 향한 실망이 부르는 죄책감은 우리가 미룬 대신 선택한 활동이 선사하는 즐거움의 정도를 희석한다.

우리 뇌가 미루기를 좋아하는 이유

미루기는 뇌의 특정 부분들이 작용하는 방식과 서로 소통하는 방식의 영향을 크게 받는다. 예를 들어, 자신이 믿는 가치와 부합하는 행동을 선택하게끔 하는 복내측 전전두엽 피질ventromedial prefrontal cortex의 활발한 움직임과 장기 계획에 관여하는 전측 전전두엽 피질anterior prefrontal cortex의 활동 저하된 움직임이 미루기와 관련이 있다. 즉, 미루기는 장기적인 목표보다 단기적이고 즉각적인 만족감에 더 중점을 둔다는 의미다.

미루기는 우리 뇌의 여러 영역이 상호 작용하는 방식의 영향도 받는데, 가령 의사 결정에 관여하는 뇌 영역 사이의 상호작용이 적은 것과 관련이 있다. 결과적으로 브라우니 대신 브로콜리를, '미루고 빵 굽기' 대신 예산 계획을 선택하지 못하게 만든다.

신체에서 스트레스 반응을 일으키는 뇌의 여러 영역도 미루기를 이해하는 데 중요하다. 스트레스는 편도체를 활성화한다. 편도체는 공포를 비롯한 여러 가지 감정 처리에 관여하는데, 이것이 활성화되면 직면한 위협에 대응할 수 있도록 미래보다 현재에 더 집중하게 된다. 호랑이에게 쫓기는 상황에서라면 아주 유용할 것이다. 하지만 미루기 때문에 생긴 스트레스가 편도체를 자극하는 상황에서는 비록 이 선택이 앞으로 더 많은 문제를 일으킨다 해도 당장 만족감을 줄 수 있는 일에 집중하게 된다.

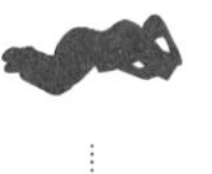

미루기는 감정의 문제다

우리는 보통 미루기가 체계적으로 정리하는 능력, 시간 관리 능력에 문제가 있기 때문이라고 짐작한다. 부분적으로는 맞는 말일 수도 있다. 하지만 앞서 이야기한 바와 같이, 미루기는 사실 행동도 행동이지만 감정의 문제이기도 하다. 해야 할 일을 떠올릴 때 우리에게는 압박감, 지루함, 무력감, 부담감 등 꽤 불편한 감정이 들기 시작한다. 대부분의 사람은 감정이라는 것을 그다지 좋아하지 않으므로 우리는 이를 피하거나 막을 방법을 찾으려 한다. 물론 미룬다는 것은 하려 했던 일이 무엇이든 이를 수행하지 못한다는 의미이기도 하나, 동시에 불편한 감정으로부터 자신을 구한다는 뜻이기도 하다. 과업을 미뤄 불편한 감정을 피함으로써 얻는 안정감에는 중독성이 있기 때문에, 나중에 유사한 감정이 떠오르면 다시 미루게 될 확률이 높아진다. 계속 미루도록 스스로 길들여 가는 셈이다.

미루기의 악순환에 갇히는 이유

미루게 되는 원리를 알았으니, 이제 미루기의 구성 요소가 어떻게 서로 작용하여 우리를 악순환에 갇히게 만드는지 알아보자.

해야 할 일을 떠올리면 우리는 '지금은 할 기운이 없어', '나중에 해야지' 등 몇몇 뻔한 생각을 하기 시작하면서 긴장감, 절망감, 무력감, 불안함 등의 불편한 감정을 느낀다. 여기에 반응하여 '아, 짜증 나', '못 견디겠다', '이런 느낌, 정말 싫다' 등의 방향으로 생각이 흐르면서 부정적인 감정들을 피하고자 하는 욕구가 커진다. 일을 하지 않으면 이 감정들을 피할 수 있다는 것을 깨닫고 나면 우리는 일을 하지 않기 위한 아주 그럴싸한 핑겟거리를 열심히 떠올리기 시작한다. 그리고 해야 할 일이 무엇이든 더 재미있거나 적어도 덜 부담스럽고 덜 힘든 일을 대신하기로 선택한다. 이 결정이 새로운 문제를 만들지언정 잠시 전에 느꼈던 불쾌한 감정은 해소된다. 즉각적인 안도감은 미루지 않고 얻을 수 있는 장기적인 이점 대비 보상받는 느낌을 더 많이 주기 때문에 미루려는 충동도 커진다. 시간이 지나 일을 다시 해야겠다고 생각하면 미루는 동안 쌓인 모든 문제(끝내지 못한 일이나 낙담한 가족 구성원 등)는 이전보다 더 불편하고 부정적인 감정을 불러일으킨다. 그리고 다시금 무시하고 싶은 욕구를 자극하고 미루기의 순환을 더 공고히 만든다.

사실 미루는 사람들이 자신의 행동과 경험에서 배우는 게 없는 건 아니다. 물론 교훈을 얻는다. 단지 이들이 깨달은 건, 미루면 불편한 감정이 즉시 사라지지만 미루지 않으면 이 감정을 더 오래 느껴야 한다는 사실일 뿐이다. 인간의 두뇌는 즉각적인 만족감을 아주 좋아한다. 그래서 미루기는 멈추기가 대단히 어렵다.

지금까지 미루기가 어떻게, 왜 발생하는지, 우리 삶에 어떤 영향을 미치는지 알아보았다. 이제는 미루기 습관이 우리의 정신 건강에 어떤 영향을 미치는지 살펴볼 차례이다. 정신 건강 문제를 안고 있지 않다고 해도 미루는 습관은 당신의 심리 건강emotional health과 행동 건강behavioral health에 영향을 미치거나, 반대로 그 영향을 받고 있을 가능성이 높다.

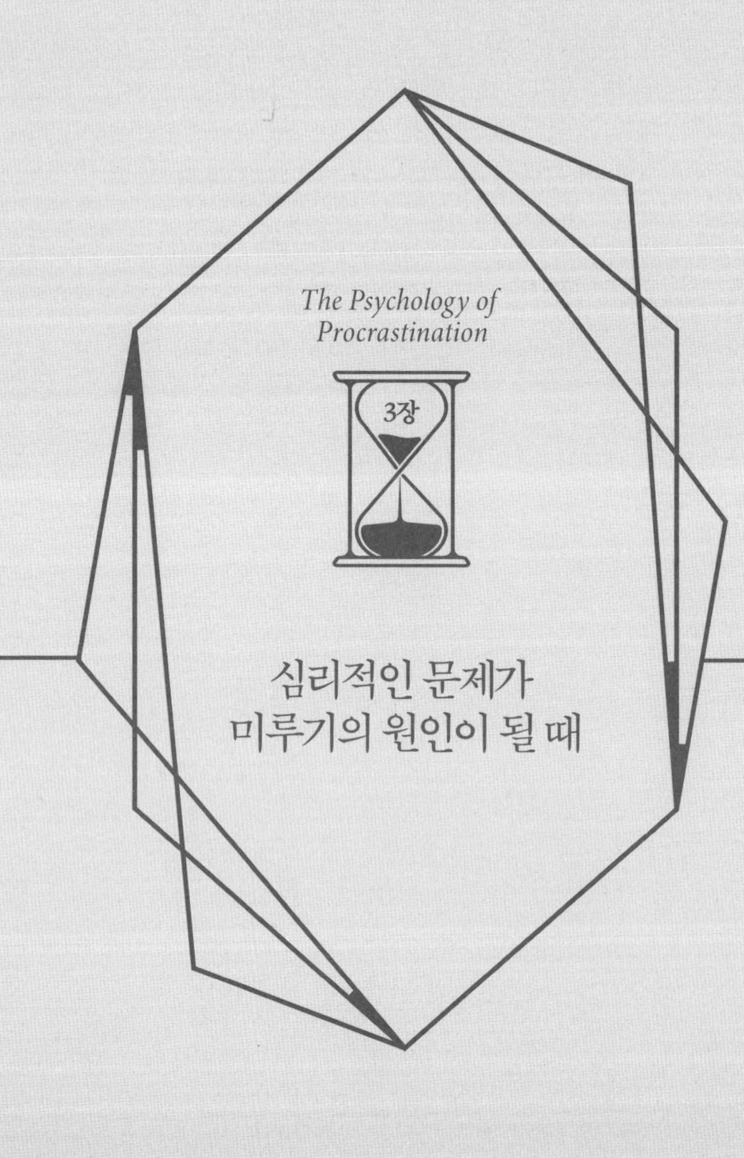

심리적인 문제가 미루기의 원인이 될 때

미루기는 정신 건강에 영향을 미칠 뿐만 아니라, 정신 건강 문제 때문에 발생하기도 한다. 혹시 심리적인 문제를 겪고 있다면 반드시 명심하길 바란다. 과학적 지식에 얼마나 기반을 두고 있든 간에 책은 개개인에 맞춘 치료를 대신할 수 없다. 필요한 게 있다면 반드시 정신 건강 전문가와 상담해야 한다. 이번 장의 내용이 지향하는 바는 의사의 치료를 대체하기 위함이 아니라 우리가 겪은 감정, 취해 온 행동과 미루기 사이의 연관성을 더 이해하는 데 있다.

ADHD,
일 자체를 시작하지 못한다

미루기와 가장 흔하게 연관되는 정신 건강 문제는 주의력결핍 및 과잉행동장애, 즉 ADHD이다. ADHD의 가장 대표적인 특징은 주의력 부족과 충동적 행동이다. ADHD 환자들은 자주 소소한 실수를 저지르고, 하던 일에서 벗어나 샛길로 새며, 물건을 잃어버리고, 기한을 맞추고 시간을 관리하는 일을 어려워한다.

클리닉의 피상담자 중 한 명이었던 팀은 모든 것에 꽤 무감각한 편이어서 어떻게든 학위는 취득했으나 직장은 전혀 관심이 없는 분야에서 구했다. 팀의 무관심과 산만함은 청구서 미납부터 부상, 불만에 찬 아내까지 그의 삶에 수많은 문제를 일으켰다. 팀이 상담을 받으러 오게 된 계기는 바로 그의 아내였다. 아내는 팀이 쉬는 날 해야 할 일의 목록을 주고는 했는데, 그는 게임을 하며 하루 종일을 보내다가 아내가 퇴근하고 돌아오기 직전이 돼서야 부랴부랴 일을 마쳤다. 목록에 있는 일을 모두 끝내지 못한 경우 아내가 집에 돌아오면…. 뒷이야기는 다들 짐작할 수 있으리라 생각한다.

정도의 차이는 있지만 비슷한 상황을 하도 겪다 보니 팀은 다른 ADHD 환자와 마찬가지로 자신이 문제이고 책임감 없이 되는대로 막살고 있다고 생각하기 시작했다. 스트레스를 받을 때마다 이러한 생각이 머릿속에서 반복된 탓에 팀은 우울하고 불안해졌으며, 그의 미루기는 만성화되어 갔다. 아내도 영향을 받았다. 팀은 할 일을 아예 시작도 않거나 제대로 끝내지 못했고, 그에게 믿고 맡길 수 없게 되면서 팀의 아내는 주어진 양 이상의 집안일을 처리해야 했다.

ADHD에 수반되는 미루기는 다양한 형태로 나타난다. 팀의 일상에서 볼 수 있듯 ADHD는 유혹이나 산만함에 대한 저항력이 낮은 탓에 시간을 효율적으로 관리하지 못하는 경우도 있고, 건망증을 겪거나, 장기 프로젝트를 완수하지 못하거나, 정리를 하고 결단을 내리는 데 문제가 있거나, 어렵고 재미도 없어 수행하기 싫은 과업을 시작하거나 끝까지 해내는 일을 회피하는 형태로 나타나기도 한다.

ADHD에 따라오는 미루기는 여타 정신 건강 문제 관련 미루기와 원인이 다르다. 예컨대 우울증 환자는 활력이 부족해 일을 시작하거나 끝내는 것을 어려워하지만, ADHD 환자는 산만하거나 만족 지연 능력이 부족한 탓에 일 자체를 잘 시작하지 못한다. 불안장애 환자는 실패나 불확실성에서 오는 두려움 때문에 일을 회피하려 한다면, ADHD 환자는 과업 자체에 지루함과 싫증을 느껴 회피하려는 경향이 더 크게 나타난다. 하지만 ADHD 환자가 우울증이나 불안장애를 함께 겪는 경우는 흔하다. 즉, 이들의 미루기에는 여러 요인이 복합적으로 작용했을 가능성이 크다는 의미다.

ADHD가 미루기를 극복하는 법

ADHD와 미루기가 영향을 주는 뇌 영역은 상당 부분 겹친다. 과업을 선택하는 것부터 이에 착수할 동기를 찾는 것, 집중하고 꾸준히 진행하여 결국 끝내는 것까지, 과업의 시작부터 완수까지 거의 모든 과정이 ADHD 환자에게는 어려울 수 있다. 하지만 ADHD의 특징 중 미루기에 가장 큰 영향을 미치는 요인은 산만함이다.

이와 관련하여 집중력을 유지하는 전략을 확인하고 싶다면 2부의 8장(171쪽)을, 시작한 일을 끝까지 마치는 데 도움이 되는 방법을 알고 싶다면 10장(207쪽)을 참고하자. ADHD 환자는 자신을 추스르는 일은 물론 과업이나 시간을 관리하는 데 특히 어려움을 겪으므로, 우선순위 정리 방법을 안내하는 5장(123쪽) 내용을 참고하면 역시 도움이 될 것이다.

우울증,
시작할 에너지가 부족하다

우울증을 겪는 사람은 평소에도 슬픔이나 공허함, 짜증, 절망감 등의 감정을 느낀다. 또한 우울증은 수면과 식욕 패턴도 바꾼다.

다른 정신 건강 문제와 마찬가지로 우울증도 범위가 넓다. 간헐적으로 울적함을 느끼지만 일상 대부분을 무리 없이 소화하는 사람도 있고, 만성적인 우울감을 겪으며 침대를 벗어나는 일조차 어려워하는 사람도 있다. 우울증의 증상은 개인의 삶 어디에서나 반복적으로 나타날 수 있다. 때로는 유발 기제나 자극 없이 발현되기도 하며, 사랑하는 이의 죽음처럼 인생에 영향을 끼칠 만한 불운한 사건을 겪은 후 발생하나 일회

성에 그치기도 한다.

네이선은 내게 처음 전화한 날 수년에 걸쳐 우울증 치료를 미뤄왔다고 시인했다. 하지만 미룬 건 진료 예약만이 아니었다. 인간관계를 형성하고, 지적 자극을 제공하는 직업을 찾고, 의미 있는 활동에 참여하는 일도 모두 미뤄왔다. 인생 전반에 걸쳐 네이선은 삶을 이어갈 이유를 찾지 못했고, 심각하게 자살을 고민하고 있었다. 미루기에서 자살로 발전했다는 이야기에 비약이 심하다고 생각할 수도 있지만, 사실은 그렇지 않다. 특히 20대 초반 여성 중 자존감이 낮은 사람이 보이는 미루기 습관은 자살 충동을 예측할 수 있는 주요 특징이다.

네이선이 미룬 것은 인생 차원의 중대사뿐만이 아니었다. 집 정리나 머리 자르기, 장보기 등 사소한 일도 모두 미루고 있었다. 직장에서도 업무를 막판까지 미룬 탓에 그가 서둘러 일을 마무리하는 동안 다른 팀원들이 나머지 모든 일을 처리하며 크게 화를 냈고, 결국 네이선은 해고당했다.

가족과 친구들도 영향을 받았다. 미뤄두었던 일을 처리하느라 계획을 취소하거나 약속을 깼으며, 설상가상 그의 더딘 처리 속도 때문에 가족과 친구들 역시 할 일을 제때 마무리하지 못했다. 하지만 가장 중요한 건 네이선이 스스로 목숨을 끊는다면 이들은 네이션이라는 존재 자체를 잃게 되리라는 점이었다.

우울증이 유발하는 미루기는 ADHD나 불안장애의 경우와 유사한 점이 많다. 그러나 가장 큰 차이점은 우울증을 겪는 사람은 과업을 시작할 에너지 자체가 부족해 일을 미룬다는 점이다. 우울증 환자는 낮은 자존감과 완벽주의, 가면 증후군도 경험할 가능성이 높으므로, 다른 사례와 조금 다른 형태의 미루기를 겪고 있을 수도 있다.

우울증이 미루기를 극복하는 법

우울증으로 인한 미루기를 해결하려면 전문적인 지식이 필요하다. 관련한 문제를 겪고 있다면 전문의나 심리전문가와 상담할 것을 강력히 권한다. 당신이 겪는 우울증의 근본적인 원인 해결에 도움이 될 것이다.

우울증 환자는 에너지 준위 자체가 낮아 일을 시작하고 끝맺는 것을 어려워하므로, 이 부분에 집중하면 도움이 될 수 있다. 특히 6장과 7장, 9장에 집중해 보자. 6장(139쪽)에서는 가령 '뭐 하러 귀찮게 샤워를 해? 어차피 오늘 나한테 냄새가 난다 한들 누가 맡겠어?'와 같이 우울할 때 겪는 체념 섞인 비관적 사고를 극복하는 데 도움이 될 전략을 얻을 수 있다. 7장(155쪽)은 과업을 시작하는 데 도움이 될 기법을 알려준다. 정말 아무것도 하기 싫을 때 '무언가를 해야 한다'는 장애물을 넘도록 도와줄 것이다. 9장(189쪽)은 회피하는 습관을 극복하는 법에 관한 내용을 다룬다. 우울증 증상 가운데 우유부단함이 있다는 사실은 잘 알려지지 않은 편이다. 우울할 때에는 모든 것이 소용없다고 느껴지기 때문에 어떤 일에서든 결정을 잘 내리지 못한다. 9장은 결단을 내리는 데 도움이 되는 전략 몇 가지를 살펴보며 중요한 일을 진척 시켜 나가도록 도와준다.

불안장애,
일을 성공적으로 끝낸다는 두려움

불안장애를 겪는 사람은 공포와 걱정, 불안을 느낀다. 불안장애의 유형에는 안전부터 돈, 업무, 실적, 외모, 대인관계 등 온갖 대상을 염려하는 범불안장애Generalized Anxiety, 남의 판단과 시선, 창피당할지도 모르는 상황을 두려워하는 사회불안장애Social Anxiety, 나쁜 일이 벌어질 수 있다는 침투적 사고로 인해 이를 없애기 위해 강박적인 행동을 하는 강박장애Obsessive-Compulsive Disorder, OCD가 있다.

누구나 일정 수준의 '정상적인' 불안감은 갖고 산다. 차가 얼마나 다니는지 확인도 하지 않고 도로에 들어선다면 누구나 불안함을 느끼고, 이러한 불안감이 없다면 다칠 확률이 높다. 사람들 앞에 서서 발표할 때에도 불안감을 느낀다. 그렇지 않으면 이 상황을 심각하게 받아들이지 않게 되어 동료를 실망하게 하고 직장을 잃을 수도 있다. 불안감은 생존에 필요하다. 하지만 어떤 이들은 삶에 심각한 영향을 끼치는 정도의 불안감을 안고 산다. 다른 정신 건강 문제와 마찬가지로 불안장애는 가볍고 일시적인 경우도 있지만, 정도가 심하며 오래 이어지는 경우도 있다.

리처드의 불안장애는 만성적인 유형이었다. 그는 꽤 심각한 강박장애를 앓고 있어 자신이 하는 모든 행동과 생각을 의심했다. 그리고 대부분의 과업을 미루며 상황을 대처하고 있었다. 가령 언젠가 필요할지도 모른다며 플라스틱병을 여기저기 던져두었고, 혹시 안 좋은 소식이 도착했을지도 모른다는 생각에 끊임없이 우편함을 확인했다. 하루는 장을 본 뒤 깜빡하고 차 트렁크에 우유 한 통을 두고 내렸다. 이 사실을 깨달았을 즈음에 우유는 이미 상해 있었고 리처드는 실수로 인한 죄책감을 느꼈다. 하지만 그는 상한 우유를 버리는 대신 상황을 회피했으며, 그렇게 죄책감도 피할 수 있기를 바랐다. 하지만 더운 여름 날씨에 상한 우유가 더 썩어 가며 끔찍한 악취를 풍기는 동안 그의 죄책감 역시 커져만 갔다.

리처드의 우유 사건은 극단적인 예시이다. 하지만 불안감 때문에 그가 회피한 것은 우유뿐만이 아니었다. 약을 먹고 이를 닦고 가스레인지를 고치는 일도 미뤘다. 리처드는 이 모든 일에서 중압감을 느꼈고 이 감정을 없애기 위해 할 일을 나중으로 연기했다. 하지만 그는 일을 미뤘다는 사실에서 다시 죄책감을 느꼈다. 게다가 자신이 일을 제대로 하지 못한다는 두려움에 사로잡혔고, 결국 일을 시도조차 하지 못하는 상황에 이르렀다.

리처드가 이런저런 것을 회피하면서 주변 사람들도 피해를 보기 시작했다. 저축하는 것을 피하면서 리처드는 신용카드에 의지했고, 빚을 지고 신용도가 떨어지면서 그의 가족이 불필요한 지출을 해야 했다. 더욱이 중요한 대화를 피하려는 경향까지 더해지면서 리처드의 인간관계는 점차 무너졌다.

우울증이나 ADHD와 마찬가지로, 불안장애를 겪는다면 과업을 시작하는 게 어려울 수 있다. 하지만 이는 대체로 정신적인 부담감을 느끼거나 실패에 대한 걱정 때문이다. 불안장애 환자가 ADHD의 사례처럼 과업에 집중하는 데 어려움을 겪는 이유는 주변의 유혹 때문이 아니라 걱정 때문이다. 불안장애 관련 미루기의 흥미로운 특징 중 하나는 과업을 성공적으로 끝낸다는 두려움에서 기인한다는 점이다. 불안장애 환자 중에는 실제로 성공을 두려워하는 경우도 있다. '이번에 성공하면 기대치가 더 높아질 텐데, 다음번에 이 기대를 충족시키지 못하면 어쩌지?'라는 생각에 일단 미뤄 놓고 적당한 상태의 안전 범위 안에 머무르기로 하는 것이다.

불안장애가 미루기를 극복하는 법

불안장애와 미루기의 관계에는 대개 극심한 부담감이나 성공이나 실수에 대한 걱정과 같은 두려움이 내재되어 있다. 두려움은 과업을 시작하거나 완수하기 어렵게 만들며, 결정을 내리지 못하게 한다.

비슷한 경험이 있다면 7장과 9장, 11장을 참고하길 권한다. 7장(155쪽)에서는 부담감을 정복하여 과업에 착수하도록 돕는 전략을 찾을 수 있다. 9장(189쪽)은 우유부단함과 회피를 해결하는 데 집중한다. 불안장애가 있는 사람들은 '옳은' 선택을 해야 한다는 걱정에 자주 사로잡히므로, 잘못된 선택을 하면 아예 결정을 내리지 않으려 할 수도 있다. 이에 9장에서는 회피하는 습관을 극복하고 앞으로 나아갈 수 있는 팁을 몇 가지 알아본다. 11장(223쪽)은 설사 성공이 의미하는 바가 두렵다고 해도 일단 시작한 일을 끝낼 수 있는 여러 방법을 알려준다. 물론 책 한 권으로 개개인에 맞춤 심리 치료를 대신할 수는 없다. 이 책에서 안내하는 전략들을 의사 혹은 심리전문가의 상담과 병행하길 바란다. 그리하여 불안장애에서 비롯된 미루기를 자신에게 가장 건강한 방식으로 해결하는 데 활용하자.

미루기가 중독의 원인이다?

미루기는 약물이나 알코올, 특히 대마초 사용과 크게 연관되어 있다. 대마초를 간간이 피우는 사람의 53퍼센트는 약물 사용이 미루기를 유발한다고 생각하며, 대마초 의존도가 높은 사람의 94퍼센트는 약물 사용의 결과 미루기를 하게 되었다고 믿는다. 마찬가지로 미루기는 코카인, 각성제, 암페타민 등의 흥분제 사용과 헤로인 등 정맥 주사형 마약의 사용, 그리고 인터넷, SNS 중독과도 관련이 있다.

미루기는 단순한 중독의 결과물이 아니다. 그 원인의 일부로도 작용한다. 미루는 사람의 경우 마감 직전에 걱정과 불안 지수가 높아지는데, 약물을 사용하거나 기타 중독성 있는 활동에 참여하면 이러한 감정을 해소하는 데 도움이 된다는 사실이 연구를 통해 일관적으로 보고되고 있다.

또한 미루기는 중독의 굴레에 갇히게 만드는 데에도 일부 영향을 미친다. 내일부터 금주, 금연하겠다는 약속의 반복을 연구자들은 “미루기를 통한 방어”라고 부른다.

낮은 자존감과 자신감, 해낼 자신이 없다

사람들은 '자존감self-esteem'과 '자신감self-confidence'을 혼용하곤 하는데, 사실 두 단어의 정의는 적어도 심리학에서는 다르다. 자존감은 자신에 대해 긍정적 혹은 부정적 태도를 지녔는지, 자신을 좋게 생각하는지 나쁘게 생각하는지를 의미한다. 자존감이 높은 사람은 자신을 존중하고 스스로 가치 있다고 느끼며, 동시에 완벽하지 않음을 인정한다. 반면 자존감이 낮은 사람은 자신의 약점에 집중하며 스스로 가치가 없거나 부족하다고 느낀다.

케일럽은 마음이 아주 넓고 다정한 사람이었다. 하지만 자존감이 낮은 탓에 스스로 아주 형편없는 사람이라고 생각했다. 그래서 케일럽은 도움이 필요한 때에도 도움을 요청하지 못했다. 재정적으로 큰 어려움에 처해있을 때도 주변에 도움을 구하지 않아 살던 아파트에서도 거의 쫓겨나기 직전이었다. 소중한 사람과 문제를 만들지 않으려 하다가 괜한 문젯거리를 빚기도 했다. 케일럽은 여자친구를 언짢게 하고 싶지 않았고, 심각한 대화나 혹여 기분을 상하게 할 가능성이 있는 대화를 나누지 않기 위해 여자친구와 오랜 시간을 보내지 않으려 했다. 결과적으로는 둘 사이의 관계를 발전시키는 것도 미루는 셈이 되었다.

자존감이 자신에 대한 평가라면 자신감은 내가 잘 할 수 있다는 믿음이다. 미셸은 체중 감량을 위한 목표 세우기를 몇 년이나 미뤄 왔다. 알맞은 식단 조절 계획은 세울 수 있을지, 주기적으로 운동하며 계획을 잘 따라갈 수 있을지, 건강을 위해 70킬로그램에 육박하는 몸무게를 감량할 수 있을지 자신이 없었다. 그래서 미셸은 계획을 계속 미뤘고, 몸무게도 계속 늘어만 갔다.

낮은 자존감과 자신감이 초래한 미루기는 우리가 좇고자 하는 기회를 제한한다. 비정상적인 관계를 너무 오래 유지하고, 진급이나 성장의 기회를 포기하게 만든다. 주변 사람도 힘들기는 매한가지이다. 당신이 성공하는 모습을 보지 못하고, 간혹 당신이 스스로 할 자신이 없는 일을 대신해 주기 위해 나서야 할 때도 있다. 결국 당신은 굉장히 얕은 삶을 살면서 스스로 이 정도 자격밖에 없다거나 이게 최선이라고 생각한다.

낮은 자존감과 자신감을 이유로 미루는 사람 역시 ADHD나 우울증, 불안장애와 마찬가지로 과업을 시작하거나 끝내기를 어려워한다. 하지만 다른 점은 자신이 성공을 추구할 자격이 없거나, 과업을 완수할 능력이 없다는 믿음에서 미루기가 비롯된다는 데 있다.

낮은 자존감과 자신감이 미루기를 극복하는 법

낮은 자존감과 자신감으로 인한 미루기는 대개 자신이 누릴 자격이 있는지, 능력은 있는지 하는 의심과 관련 있다. 때문에 이러한 생각을 극복하는 게 중요하다. 다른 질환과 마찬가지로 자존감 혹은 자신감과 관련한 문제를 겪고 있다면 개별 치료를 제공하는 의사나 심리전문가를 찾는 게 최선의 방법이다.

우리 책에서는 7장과 10장, 11장을 참고하길 바란다. 7장(155쪽)의 전략들은 당신이 무엇이든 끝까지 해내는 능력에 자신이 없다 하더라도 장애물을 극복하면서 우선 과업에 착수할 수 있도록 도와줄 것이다. 자존감이 낮은 사람은 장애물에 부딪히면 밀고 나가기 어려워하는 경향이 있다. 10장(207쪽)은 당신이 난관을 극복하고 다시 궤도에 오르도록 도와준다. 과업의 대부분을 마쳤고 끝이 거의 보일 때 자신이 성공할 자격이 과연 있는지, 다음에 주어질 과업과 다시 씨름해야 한다는 생각에 마무리를 주저하게 될 수도 있다. 그럴 때는 11장(223쪽)을 참고하여 시작한 일을 끝까지 마무리해 보자.

완벽주의,
일을 성공적으로 끝내도 만족하지 못한다

완벽주의란 자신에게 유난히 높은 기준을 세워 말도 안 되는 기준을 충족하기 위해 노력하는 것을 의미한다. 어떤 면에서는 긍정적일 수도 있다. 기대치가 높은 만큼 자신감을 키울 수 있고, 실제로 미루는 습관을 줄이는 데 도움이 될 수도 있다. 하지만 해로운 방향으로 작용할 수도 있다. 자신을 채찍질하고, 실수를 과하게 염려하고, 일을 잘 처리했을 때에도 만족감을 느끼지 못하면 불안감과 우울감이 생길 수 있고, 미루는 습관이 악화할 수도 있다.

나의 클리닉에 방문하는 피상담자의 다수가 완벽주의자이다. 꼼꼼한 성격의 공인회계사, 클로이도 마찬가지였다. 클로

이는 지금껏 성공해야 한다는 생각에서 벗어난 적이 없었다. 어려서부터 우수한 학생이었고, 학교에서는 우등상도 받았다. 하지만 이내 다음 학기에도 상을 받지 못할 경우에 대한 두려움에 사로잡혔다. 심지어 상을 받지 못한 자신의 존재에 의문을 품게 되었다. 결국, 클로이에게는 과제를 비루고 미루다가 제출 전날 밤을 새워 완성하는 습관이 생겼다. 게다가 기한이 다가올수록 글씨체의 종류와 문장의 배열, 전체적인 서식에 집착하며 모든 것을 완벽해 보이도록 만드는 데 집착했다. 꾸물거리다 늦게 시작하는 건 위험 부담이 컸지만, 그러면 결과가 나쁘더라도 자신의 역량이 부족한 탓이 아니라 시간이 부족한 탓이라고 변명할 수 있었다. 완벽주의자에게는 열심히 노력한 끝에 실패하는 것보다, 미룬 결과 실패하는 것이 더 나은 선택이다.

완벽주의자들은 대개 능력이 출중하다. 하지만 얼토당토않은 기준을 세워 놓고 일을 미루기 때문에 자신이 설정한 기준을 충족하는 능력이 떨어진다. 이들의 경우 미루기는 '더 일찍 시작했어야 했는데', '난 항상 일을 망쳐' 등 자기비판을 부른다. 또한 완벽주의자는 종종 의도치 않게 자신을 향한 압박 강도를 주변 사람에게도 투영한다. 다른 사람들 역시 자신이 세운 기준을 맞추지 못하면 비판 받아야 한다고 생각한다. 클로이의 남편이 느낀 감정이 바로 이것이었다. 클로이의 기준에 맞추면 그 무엇도 잘 해낼 수 없을 것 같았다. 게다가 클로이는 완벽주의 때문에 미룬 일을 하느라 너무 바빴으므로 친구나 가족과 시간을 맞춰 만나기 힘들었다. 퇴근 후 동료들과 가볍게 맥주 한잔 걸치지 못했고, 아들의 티볼 경기(아이들이 즐기는 간소화된 형태의 야구-옮긴이)도 보러 가지 못했다. 늦게까지 일하기 위해 남편과의 데이트 시간도 계속해서 옮겨야 했다.

불안장애와 낮은 자존감 · 자신감을 지닌 이들과 마찬가지로 완벽주의자도 과업을 완성하는 것에 대한 두려움, 염려되거나 자신의 역량이 부족하다고 생각하는 일을 회피하려는 경향 때문에 미루기도 한다. 완벽을 추구하는 사람은 목표나 과업을 성공적으로 달성한 후에도 만족하지 못하고, 잠시 안도한 뒤 기준을 더 높이 설정했어야 한다고 후회한다. 하지만 과업을 미완성인 채로 두면? 안 그래도 높은 기준을 더 올리지 않아도 된다.

완벽주의가 미루기를 극복하는 법

일부 완벽주의자는 과업을 시작하는 일 자체를 어려워하는데, 이는 실패에 대한 두려움에서 기인한다. 가령 이렇게 생각하는 것이다. '아예 시작을 안 하면 망칠 수도 없잖아.' 하지만 완벽주의에서 유래된 미루기에서 가장 큰 문제는 과업을 끝내는 일이다. 이들은 불가능할 정도로 높은 자신의 기준을 맞추기 위해 고군분투하지만, 과업 완수는 미룬다.

시작한 일을 끝내는 데 유용한 팁은 10장(207쪽)과 11장(223쪽)에서 찾을 수 있다. 불가능할 정도로 높은 기준에 낙담해 포기하거나, 자신은 훌륭하지 않다고 생각하거나, 실패나 성공에 두려움을 느낀다면 10장과 11장에 정리된 전략들을 활용해 장애물을 극복하며 밀고 나가 보자.

만약 과업에 돌입하는 것 자체가 고민인 완벽주의자라면 7장(155쪽)의 내용 일부를 참고하여 난관을 해결해 보자. 그리고 언제나 그렇듯, 완벽주의의 기저에 깔린 원인을 해결하고 자신에게 최적화된 방법을 활용하려면 의사나 심리상담사와 상담해야 한다.

가면 증후군, 자신의 능력을 의심하고 의심한다

가면 증후군imposter syndrome. 들어본 적은 없어도 경험했을 확률은 높다. 가면 증후군이란 객관적으로 충분히 능력 있는 사람이지만, 자신이 무능력한 사기꾼임이 밝혀질까 두려워하는 현상을 말한다. 내 능력으로 얻어낸 승진이지만, 실은 누릴 자격이 없다고 생각한다면 가면 증후군을 겪는 것이다. 크리스티나도 같은 경험을 했다. 진급할 자격이 충분했음에도 크리스티나는 자신이 일을 잘한다고 생각하게끔 상급자들을 속인 건 아닐까 두려워했다. 자신이 엉터리라는 게 언젠가 들통나지는 않을까 두려워했다.

진급할 수 있는 자신의 능력과 가치에 자신이 없던 크리스티나는 승진 신청을 몇 년이나 연기했다. 직장이나 학교에서 주어지는 기회를 놓치는 상황은 가면 증후군이 유발한 미루기의 전형적인 사례이다. 가면 증후군을 겪는 사람은 자신의 잠재력을 깨닫지 못하고, 충분히 자격이 있음에도 명성 있는 직업을 얻을 기회를 좇지 않는다. 그 결과 경력이나 새징에 다격을 입는다.

하지만 크리스티나의 미루기로 고생하는 사람은 더 있었다. 직장에서 일에 적극적으로 나서지 않은 탓에 크리스티나는 비교적 쉬운 일로 늘 바빴고, 반면 동료들은 더 어렵거나 오랜 시간이 드는 일을 처리하느라 허덕였다. 크리스티나는 바쁘면 자신이 무능하다는 느낌은 덮어둘 수 있었지만, 대인관계를 유지하거나 자녀와 시간을 갖는 일은 하기 힘들었다.

가면 증후군을 겪는 사람은 자신의 능력을 의심하고 다른 이들도 역시 의심한다고 믿으므로 이들의 미루기는 자신감 문제를 겪는 이들과 비슷한 양상을 띤다. 자신의 무능함과 결점, 실수에 너무 집중한 나머지 이를 바로잡기 위해 완벽주의에 기대고, 결국 완벽주의에서 유래하는 미루기의 형태까지 나타난다.

가면 증후군이 미루기를 극복하는 법

가면 증후군으로 인한 미루기 극복의 가장 큰 난관은 과업을 시작하는 일이다. 자존감이나 자신감이 낮은 사람은 자신에게 목표를 좇을 능력이 부족하다고 믿는 탓에 일자리에 지원하거나, 회사를 세우거나, 책을 쓰는 일을 미룬다. 드물게 자신감이 생겨 일을 벌여도 곧 스스로를 말리며 그만둔다.

이 상황이 익숙하게 들린다면 7장(155쪽)과 11장(223쪽)에 집중해 보자. 비록 당신이 스스로 사기꾼이라고 믿더라도 계획한 일을 시작하고 끝내는 데 도움이 되는 전략을 찾을 수 있다. 물론 가면 증후군을 유발한 근본적인 원인을 해결하기 위한 전략을 안내해 줄 의사의 도움도 함께 받아야 한다.

다 내 얘기 같은데…

이번 장에서 다룬 내용 중 두 가지 이상의 사례에서 자신의 모습을 발견했을 수도 있다. 정신 건강 문제는 동시에 여러 가지가 겹치는 경향이 있으며, 대다수가 유사한 증상과 문제를 일으킨다. 당신의 미루는 습관도 두 가지 이상의 문제에서 비롯되었을 가능성도 있다. 오전에 오븐 청소를 미룬 이유는 완벽주의 때문이지만, 오후에 명상 모임 참석을 미룬 이유는 자존감 때문이었을 수도 있다. 저녁에 우편함을 확인하지 않은 데에는 그냥 아무런 이유가 없었던 것일 수도 있다. 주의를 기울여야 할 문제가 한둘이 아닐 수도 있고 그건 지극히 정상이다.

4장에 있는 테스트(99쪽)를 활용해 관심 영역을 좁히면 어디에 에너지를 집중하면 좋을지 파악할 수 있다.

앞서 제시한 사례들과 자신의 경험이 100퍼센트 일치하지 않는다 해도 걱정할 필요는 없다. 미루기는 물론이고, 우울, 불안, 그 외 다른 심리적 상태와 문제에는 개인차가 있으며 각기 다른 형태로 나타난다. 2부에서 제시하는 전략들은 다양한 형태의 미루기를 극복하는 데 도움이 된다고 과학적으로 증명된 방법들이다. 자신의 미루는 습관이 이 책에 나온 사례와 조금 다르게 느껴져도, 앞으로 안내할 조언과 전략은 당신에게 도움이 되리라 확신한다.

지금까지 미루기의 발생 원인과 미루기 습관이 큰 문제가 되는 경우, 미루기를 멈추기 어려운 이유와 우리 삶에 야기할 수 있는 문제 등 미루기의 심리학 전반에 관해 알아보았다. 2부에서는 미루기 문제를 실제로 해결해 보려 한다. 우리는 이제 막 책의 절반을 지나고 있다. 이제 어려운 부분, 즉 미루는 습관을 실제로 극복하는 부분이 남았다. 이 책을 완독하기로 마음먹은 이유를 적은 메모를 다시 읽어 보자. 자, 이제 실전이다. 미루기 극복을 위한 여정을 시작해 보자.

미루는 습관을 고치는 심리학

1부에서 우리는 미루기의 이면에 숨겨진 심리학과 미루기의 악순환에 쉽게 빠지는 이유를 알아보았다. 이제 앞서 배운 내용을 활용해 당신의 개인적인, 직업적인 목표 달성을 방해하는 부정적 패턴에서 벗어날 차례다. 2부는 미루기 극복을 위한 여정을 시작하며 명심해야 할 몇 가지 사항을 살피면서 시작한다. 이는 당신이 변화를 위한 마음가짐을 갖는 데 도움이 될 것이다. 나머지 부분에서는 미루기의 악순환을 끊는 데 도움이 될 근거 기반의 구체적인 조언과 전략을 알아보며 습관을 개선해 나갈 예정이다. 동시에 동기를 얻는 것부터 과업을 꾸준히 수행하는 것, 시작한 일을 마무리하는 것까지 미루기의 각 단계에 적용할 수 있는 전략을 함께 살펴보려 한다. 책이 끝날 무렵이면 당신은 심리학이 제공할 수 있는 모든 최고의 도구를 이용해 미루는 습관에서 해방될 수 있을 것이다.

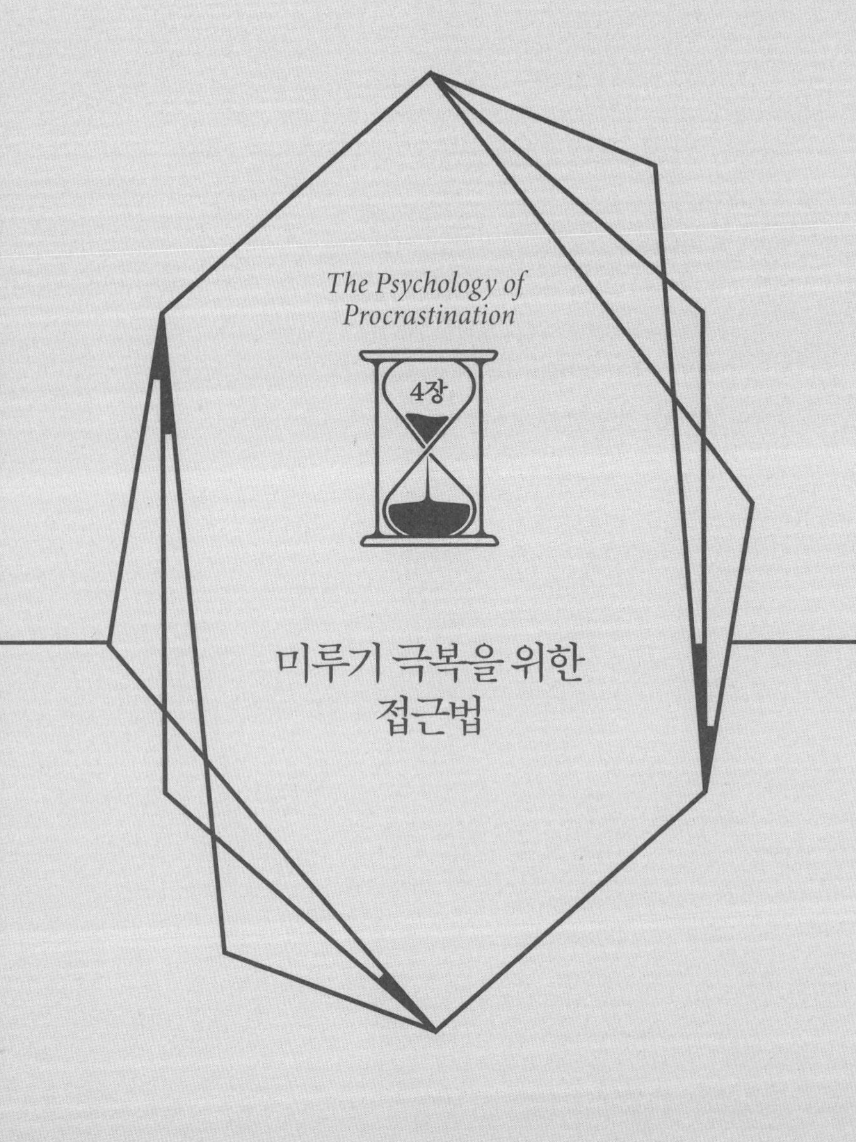

미루기 극복을 위한 접근법

1부에서 우리는 미루는 습관의 원리를 알아보았다. 이제 실제로 적용해 볼 준비가 되었으리라 믿는다. 하지만 구체적인 내용으로 들어가기에 앞서 미루기 극복을 위한 일반적인 접근법을 먼저 살펴보려 한다. 정원을 가꾸는 순서를 떠올려 보자. 씨앗과 흙을 모으고, 해가 비칠지 비가 올지 날씨를 관찰하고, 식물 사이에 간격은 얼마나 두어야 할지 살핀 다음에야 씨를 심지 않는가. 실행만큼 준비 역시 중요하다. 몇몇 개념을 먼저 익힌 다음 이를 염두에 두고 구체적인 전략을 획득해야 더 효율적으로 활용할 수 있다.

내가 미루는 이유는 뭘까?

2장에서 우리는 미루기를 유발하는 원인을 알아보았다. 앞으로는 근본적인 원인을 하나하나 더 깊이 파고들어 볼 것이다. 정신 건강에 문제가 있든 그저 이유 없이 미루는 것이든, 미루기는 뇌가 작동하는 원리, 생각하고 느끼고 행동하는 방식은 물론 시간 개념과 미래의 계획에 집중할 수 있는 능력 등, 여러 심리적 요인이 복합적으로 작용해 발생한다.

하지만 미루기는 주로 우리가 감정을 다루는 방식의 영향을 받는다. 쉽게 지루함을 느끼고 자극을 좇는 타입인가? 불충분하거나 불확실한 느낌을 피하려는 경향이 있는가? 과업을 떠올리면 중압감을 심하게 느끼는 편인가? 과업을 수행하는 모습을 상상할 때 느껴지는 감정과 그것을 미루기로 할 때 드는 안도감을 파악하면 당신이 미루는 원인을 파악하는 데 도움이 된다.

나의 미루기 스타일은 무엇일까?

일의 우선순위를 정하는 것부터 계획에 따라 일을 꾸준히 진행하는 것까지, 당신은 미루기의 모든 단계에서 고생하고 있는지도 모르겠다. 그렇기에 미루기를 극복해야겠다는 생각만으로는 부담이 될 뿐이다. '대체 어디부터 손을 대야 하는 거냐고!' 앞으로 이어질 내용의 일부(혹은 전부)에서 배울 전략들은 당신이 미루기를 극복하는 데 도움을 줄 것이다. 하지만 그 전에 어디에서부터 시작해야 할지 먼저 살펴보는 게 좋겠다. 다음 질문에 답해 보자.

1. '할 일' 목록을 작성할 때 가장 우선순위에 올릴 일을 결정하는 게 어렵게 느껴지는가? ☐
2. 어떤 일을 하려 할 때 그 일이 중요한 이유를 떠올리지 못할 때도 있는가? ☐
3. 지루하고 따분한 과업을 할 때 동기 부여를 어려워하는 편인가? ☐

4. 과업을 수행하려 마음먹어도 시작점을 찾기 어려워하는 편인가? ☐

5. 과업을 시작하는 것부터가 어려운가? ☐

6. 과업에 집중하기 어려워하는 편인가? ☐

7. 과업을 시작하려 할 때 자신이 중압감이나 불안을 느끼고 있다는 사실을 스스로 인지하는가? ☐

8. 결정을 내리기 힘들어하는 편인가? ☐

9. 과업이나 프로젝트를 시작은 해도 꾸준히 진행하여 완수하는 데 어려움을 겪는가? ☐

10. 실수나 실패 혹은 성공에 대한 두려움으로 시작한 과업을 끝내지 못하는가? ☐

'그렇다'라고 답변한 문항에 따라 먼저 살펴봐야 할 내용이 다르다.

1번 문항 → 5장으로 이동(123쪽)

2번, 3번 문항 → 6장으로 이동(139쪽)

4번, 5번 문항 → 7장으로 이동(155쪽)

6번 문항 → 8장으로 이동(171쪽)

7번, 8번 문항 → 9장으로 이동(189쪽)

9번 문항 → 10장으로 이동(207쪽)

10번 문항 → 11장으로 이동(223쪽)

여러 문항에 '그렇다'라고 답했는가? 그렇다면 일단 5장부터 시작해 순서대로 나아가자.

두 달이면 미루는 습관을 고친다

안타깝지만 사실부터 짚고 넘어가자. 이 책에서 제안하는 전략이 미루기의 즉효 약이라고 할 수는 없다. 전략 자체의 문제가 아니라, 세상에 '즉효 약'이라는 건 없기 때문이다. 물론 어떤 자기계발서는 즉각적인 변화를 약속한다. 하지만 나는 당신을 오도할 만한 이야기를 하고 싶지는 않다.

우리 뇌는 변할 수 있다. 여러 경로나 뉴런이 새로 생기기도 한다. 하지만 이런 변화는 하루아침에 완성되지 않는다. 우리 뇌는 오래된 습관을 버리기 전에 새 습관이 정말 유용한지 확인하려 한다. 바꾼 습관이 쓸모없다면 이는 결국 큰 에너지 낭비이기 때문이다.

혹시 습관을 바꾸는 데 21일 내지는 30일, 며칠이 되었든 간에 비슷한 정도의 기간이 걸린다고 들은 적 있다면, 정정해 주겠다. 그건 과학적으로 맞는 말이 아니다. 최근 연구에 따르면 새로운 습관을 형성하는 데에는 18일에서 254일 사이의 기간이 소요되며, 평균적으로는 66일 정도 걸린다. 66일 동안 시간만 보내면 되는 게 아니라 정말 열심히, 꾸준히, 매일 노력해야 한다. 그러니 진심으로 미루는 습관을 떨쳐내고 싶다면 앞으로 적어도 두 달은 새로운 전략을 시도하고 역경을 극복할 각오를, 고생하고, 절망감을 느끼고, '이걸 대체 왜 해야 하지?'라는 의문을 극복할 각오를 다져야 한다.

당신이 변할 수 없다는 말이 절대 아니다. 미루기는 극복할 수 있다. 하지만 시작하기 전에 알아두는 게 좋다. 온 힘을 다해 헌신적으로 임해야 한다는 사실을 말이다.

'일단 해!'라는 말은 전혀 도움이 안 된다

당신이 이미 '일단 해!' 전략을 시도해 봤다는 것을 안다. 매일 아침 헬스장에 가야겠다고 다짐하지만 출근 시간 전에는 도

저히 무리라는 생각이 들면 당신은 자신을 다그쳐서라도 헬스장에 가게 만들어야겠다고 생각한다. 하지만 어쩐지 잘 먹히지 않는다.

이 방식이 통하지 않는 이유는 어떻게든 하게 만들려는 식의 접근법이 미루기의 근본적인 원인을 해결해 주기는커녕, 오히려 당신이 지닌 문제의 감정적 근원을 무시하기 때문이다. 강제적인 접근법은 헬스장을 떠올리는 순간의 감정을 적절히 다루는 방법을 전혀 알려주지 않는다. 자신의 몸을 보며 부끄러움을 느낄 때, 헬스장에 가면 무엇부터 해야 할지 모르는 데에서 오는 막막함을 느낄 때, 건강을 위해 도달해야 하는 운동량 목표에 부담감을 느낄 때도 마찬가지이다. 이러한 감정이 생기기 시작하면 당신은 어쩔 줄을 몰라 그냥 늘 하던 것을 한다. 운동 생각은 접어 두고 다시 자 버리는 것이다.

감정적인 문제들을 무시하고 자신에게 '일단 해!'라고 말하는 대신, 우리에게는 과업을 피하고 싶게 만드는 문제를 해결할 수 있는 증명된 전략이 필요하다. 그리고 이것이 바로 5장부터 11장까지 당신이 배우게 될 내용이다.

시간 관리만의 문제가 아니다

시간 관리에 매달리는 것도 문제를 잘못 이해한 결과이다. 많은 사람이 정리 기술과 시간 관리 기술이 부족하여 할 일을 미룬다고 생각한다. '일정을 더 체계적으로 짜고 시간을 관리할 줄 알았다면 그렇게까지 미루지는 않았을 텐데'라고 말이다.

하지만 미루기가 그렇게 단순한 문제가 아니라는 점은 다음의 사례만 봐도 알 수 있다. 우리 클리닉을 찾아온 윌리엄은 치료를 통해 반드시 이루고 싶은, 단순하지만 중요한 목표가 있었다. 학자금 대출 상환액을 줄일 수 있는 서류를 제출하는 것이었다. 학자금 대출이 주택 담보 대출액만큼 있는 상황을 상상해 보라. 그게 바로 윌리엄이 처한 상황이었다. 상담마다 우리는 목표 달성을 위한 각 단계를 꼼꼼하게 계획했고, 잠재적으로 방해가 될 수도 있는 모든 문제를 사전에 해결했다. 하지만 그럼에도 윌리엄은 계획을 따르지 못했다. 체계성이나 시간 관리의 문제가 아닌 게 확실했다. 그는 이미 이 문제들을 모두 해결했기 때문이다.

헬스장 사례와 마찬가지로 문제는 감정이었다. 막대한 금액의 학자금 대출과 같이 심각한 사안에는 격렬한 감정이 따르기 마련이다. 윌리엄은 무기력감, 위축감, 부담감, 억울함, 그리고 궁지에 몰린 느낌을 받았고, 체계적으로 쌓아 온 계획을 따르려 할 때마다 이러한 감정들이 솟구쳤다. 윌리엄에게는 선택권이 있었다. 계획을 따르며 이 끔찍한 감정들을 감내하느냐, 아니면 금융사 면담은 내일로 미루고 오늘은 기분 좋게 보내느냐. 윌리엄은 어느 쪽을 선택했을까? 시간 관리 능력이 부족해도 미루기에 영향이 있겠지만 이는 개선할 수 있다. 결국 미루기를 극복하려면 마음 깊은 곳에 자리한 감정적인 문제를 먼저 해결해야 한다.

과학의 도움을 활용하자

간혹 몇몇 사람들은 심리학을 과학으로 받아들이지 않는다. 그저 '상식'을 다루는 학문이라는 것이다. 물론 더 많이 공부하는 학생의 성적이 좋다거나, 마약은 뇌에 손상을 입힌다거나, 동물을 쓰다듬으면 기분이 좋아진다는 등의 심리학적 발견들은 이미 우리가 알고 있는 사실을 뒷받침한다.

하지만 어떤 발견은 놀라움을 안기기도 하며, 기존의 믿음과 정반대되는 결과를 도출하기도 한다. 미친 듯이 화가 날 때 베개에 얼굴을 묻고 소리를 지르는 행동은 사실 화를 더 돋운다거나, 우리 기억에는 잘못된 정보가 적잖이 포함되어 있다거나, 연인 관계에서 사실 반대는 끌리지 않는다거나 하는 연구 결과처럼 말이다.

미루기를 비롯한 모든 종류의 심리적 문제를 극복하려 할 때는 관련 연구를 찾아보는 게 중요하다. 직관적인 전략을 따르는 것도 때에 따라서는 도움이 되겠으나, 장기적이고 지속 가능한 변화를 원한다면 해당하는 심리적 문제의 원인을 해결할 수 있다고 증명된 접근법을 택하는 게 대단히 중요하다. 근거 기반 전략들은 우리의 직관, 상식과 일치하는 경우도 있지만, 정반대인 경우도 있다. 우리를 올바른 길로 안내해 줄 과학이 있어서 얼마나 다행인가.

근본적 원인에 집중하자

대부분의 문제는 해결에 앞서 문제의 근원을 파악하는 일이

선행되어야 한다. 가령 지금 눈에서 눈물이 난다고 하자. 이유가 꽃가루 알레르기인지, 감염 때문인지, 눈에 고춧가루가 날라 들어갔기 때문인지 안다면 항히스타민제를 복용하든, 병원에 가든, 아니면 앞으로 요리할 때에는 고추를 만진 뒤 눈을 비비면 안 되겠다는 교훈을 얻는 등의 방식으로 문제를 해결할 수 있다. 미루기의 경우도 마찬가지이다. 습관을 유발한 기본적인 원인을 알면 유효한 치료법을 알아낼 수 있다. 이 과정을 건너뛰고 일단 되는 대로 고쳐보려 한다면 결막염에 항히스타민제를 쓰는 셈이다. 별로 도움이 되지 않는다는 얘기다.

미루기를 유발하는 '근본적 원인'을 찾는다고 해서 당신의 어린 시절로 돌아가 이 길로 들어서게 만든 계기를 찾겠다는 건 아니다. 단지 생각과 행동, 특히 당신의 미루기가 고착되도록 만든 감정을 분리해 보겠다는 의미다. 미루기를 유발하는 원인이 자제력이나 동기인지, 불편한 감정에 대한 대응력이 부족하기 때문인지, 시간 개념이 비현실적이기 때문인지, 혹은 앞서 함께 알아보았던 다른 원인 때문인지 알고 나면 극복하는 데 필요한 접근법의 유형도 정할 수 있다. 그 뒤에 5장부터 11장에 걸쳐 안내된 알맞은 전략을 활용해 문제를 해결해 보자.

나에게 맞는 미루기 극복 전략은?

미루기 극복을 위해 각 개인에 맞는 전략이 필요한 것은 사실이나, 기초를 탄탄하게 쌓아 놓으면 효과를 높일 수 있다. 축구나 야구 등 어떤 스포츠에서나 기본기를 구축해 두면 민첩성과 체력, 힘을 더 쉽게 기를 수 있는 것과 마찬가지이다. 그러니 미루기의 기저에 깔린 원인이 무엇이든, 자신이 특히 힘들어하는 부분이 무엇이든 간에, 다음의 사항들은 누구에게나 도움이 될 수 있다.

자기자비를 연습하자

미루기 극복을 위해 노력하는 과정이 늘 성공적일 수는 없다. 옛 습관으로 돌아가는 때도 있을 테고, 도대체 어떻게 실행해야 할지 감이 오지 않는 전략도 있을 테다. 어떤 날은 압박감이 너무 큰 탓에 계속해 나갈 수 없을 것만 같은 날도 올 것이다. 어떤 이들은 이러한 상황에서 자신을 다그치면 실수를 막거나 끝까지 해낼 동기를 얻을 수 있으리라 생각한다. 만약 당신도 똑같이 생각한다면 스스로 물어보자. 스스로를 다그쳤더니 일을 마치는 데 도움 된 적이 있는가? 아니면 계획을 세우고 이를 지키려 노력한 게 도움이 되었는가?

당신이 직장에서 높은 지위에 있는 관리자라고 가정하자. 부하 직원에게 동기를 부여하고 싶다. 이때 당신은 상냥하고 자애로운 언사를 구사할 가능성이 높다. 아이들을 상대할 때도 마찬가지이다. 가령 당신의 자녀가 실수하면 질책하는 대신 행동을 바로잡을 수 있도록 다정하게 독려할 가능성이 높다. 다른 이의 동기를 끌어올리기 위해 상냥하고 자비로운 형태의 언어를 쓰는 데에는 이유가 있다. 이유는 단순하다. 비판보다 훨씬 더 효과적이기 때문이다.

자신과 나누는 대화에도 같은 접근법을 취해 보자. 자기자비self-compassion를 연습해야 한다. 일을 시작하지 못해서, 끝내지 못해서, 충분히 빠르게 처리하지 못해서 스스로를 비판하는 바로 그 순간, 당신의 친구나 자녀, 심지어 반려견이 같은 문제를 겪을 때 이들에게 어떤 식으로 말하고 싶을지 떠올려 보라. 명심하자. 벌어진 일은 어쩔 수 없다. 과거에 하지 않은 일에 집착하는 대신 지금부터 할 수 있는 일에 집중하도록 노력하자.

자기인식 수준을 높이자

자신에게 말하는 방식을 바꾸고 나면, 다음에는 자기인식self-awareness 수준을 높이는 게 중요하다. 우리가 하는 행동 대부분은 매우 반사적이고 습관적이어서 행동을 취하는 순간을 거의 인지하지 못한다. 저도 모르는 사이에 코를 긁기도 하고, 심지어 차를 운전해 출근길을 절반이나 왔음에도 집을 나선 다음부터 정확한 기억이 없는 때도 있다. 코가 가렵거나 일상적으로 출근하는 상황에서 의식의 부재는 별문제가 되지 않지만, 자신의 행동을 바꾸려 한다면 문제가 된다. 어떤 일이 발생한다는 사실 자체를 인식하지 못하면 바꿀 수도 없기 때문이다.

자기인식이 중요한 이유는 미루기가 부지불식간에 일어나기 때문이다. 자신이 어떤 일을 미루기로 했다는 감조차 들지 않고, 마치 무언가에 홀린 듯 이미 일은 벌어져 있다. 하지만 결코 홀린 게 아니다. 1초도 안 되는 찰나의 순간 우리는 미루기의 모든 과정을 거친다. 과업을 떠올리고, 불편한 감정을 느끼고, 감정을 없애고자 다른 일을 하기로 선택한다.

자기인식 수준을 높이는 일은 어렵다. 인내심을 갖고 자기 자비부터 연습하자. 자기인식 수준을 높이는 가장 효과적인 방법은 일상적으로 하는 행동 하나를 골라, 자신이 해당 행동을 하는 순간을 인식하는 것이다. 앉거나 서는 것, 문고리를 만지거나 물을 마시는 것 등 대상은 정하기 나름이다. 일상적인 행동에 주의를 기울이면 어떠한 행위를 알아차리도록 뇌를 훈련할 수 있다. 그다음에 몇 가지 연습을 더하면 자신이 할 일을 미루기로 하는 순간, 혹은 작업 중 샛길로 빠지려 하는 순간을 인지할 수 있게 된다.

내 기억력을 믿을 수 없다면?

기억이란 매우 복잡한 현상이다. 기억력에도 다양한 유형이 있는데, 대표적으로 일반 사실에 관한 기억(의미 기억semantic memory), 행위에 관한 기억(절차 기억procedural memory), 개인사와 관련한 기억(일화 기억episodic memory 혹은 자전 기억autobiographical memory) 등이 있다.

나이가 들면 기억도 변한다. 우리는 다섯 살 이전에 발생한 사건에 관한 기억은 거의 없지만, 걷는 법, 말하는 법, 세상의 이치 등 다섯 살 이전에 배운 수많은 것을 기억한다. 늙어감에 따라 어떤 기억은 사라지기 시작할 테지만 일부는 영원히 남는다.

기억이 복잡한 또 다른 이유는 모두의 기억이 다른 데 있다. 정보를 기억으로 전환할 수 있는 능력, 기억력 수준, 기억의 유지 기간은 저마다 모두 다르다.

기억이란 고유한 개인의 능력이므로, 과업을 기억하는 데 자신의 기억력에 기댈 수 있는지 없는지는 그 누구보다 자신이 제일 잘 안다.

건망증이 미루기를 유발하는 원인 중 하나라면 목록이나 리마인더, 달력, 알람 등을 활용해 기억의 공백을 채우면 도움이 된다. 하지만 많은 사람이 목록은 작성해 놓고 확인하는 것을 잊는다. 이 경우에는 기술의 힘을 빌려 중요한 정보를 상기하자. 예컨대 사무실에 도착하면 부재중 전화를 남긴 사람에게 다시 전화하도록 휴대폰에 알람을 설정해 놓는다. 휴대폰의 위치 추적 기능 덕분에 사무실에 도착한 순간 알람이 울릴 것이다.

목표를 구체적으로 세우자

흔히들 '체중 감량', '친구들과 더 많은 시간 보내기', '술 덜 마시기' 등과 같은 광범위한 목표를 세운다. 겉으로 봤을 때 이 다짐들은 유익해 보이지만, 달성하기는 힘들다. 구체적이지 않기 때문이다. 체중을 얼마만큼 감량할 예정인가? 물을 많이 마셔서 늘어나는 체중도 감량 대상에 포함되는가? 순수 근육의 양이 증가하는 경우에는? 더욱이 목표의 범위가 너무 넓으면 진도를 파악할 방법도 없다. 가령 무려 7킬로그램 감량에 성공했다고 해도 목표에 부합하는 속도로 체중이 줄고 있는지 알 수 없으므로 도중에 동기를 잃을 수도 있다.

목표를 구체적으로 정의하려면 다섯 가지 기준을 맞춰야 한다. 구체적일 것specific, 측정 가능할 것measurable, 달성 가능한 목표일 것attainable, 관련성을 지닐 것relevant, 기한을 정할 것time-limited. 각 기준의 앞글자를 따면 SMART가 된다. 목표를 구체적으로 정의하면 우리가 제대로 나아가고 있는지 파악할 수 있고, 이는 다시 동기를 부여한다.

목표를 정의할 때에는 최대한 '구체적으로' 설정하자. '과제 하기'는 추상적이다. 반면 '역사 과제 하기'는 구체적이다.

‘측정 가능한’ 목표란 수치로 확인할 수 있어야 한다는 의미다. 시간을 얼마나 투자할 것인지, 어떤 빈도로 수행할 것인지 등이 이에 속한다. ‘글쓰기’는 측정하기 어렵지만 ‘90분 동안 글쓰기’ 혹은 ‘세 장 쓰기’는 측정이 가능하다.

‘달성 가능한’ 목표는 현재 하고 있는 일보다 조금 더 어려운 일을 의미한다. 지난 넉 달 동안 무언가를 공부한 적이 전혀 없다면 보고서 작성과 조사 과제를 갑자기 능숙하게 처리할 가능성은 그리 높지 않다. 목표를 ‘앉은자리에서 보고서 다 쓰기’라고 정하면 결과에 실망할 가능성이 높지만, ‘30분 동안 쓰고 5분 쉬기 반복’은 실행 가능해 보인다.

‘관련성을 지닌’ 목표란 당신에게 중요한 목표이며 달성하려는 이유가 있어야 한다는 의미이다. 역사 과제에 집중하려는 이유는 과제 점수를 잘 받아야 해당 학기의 전체 성적이 오르며, 이는 전체 평점 상승으로 이어지기 때문이다.

마지막으로 목표에는 ‘기한’이 있어야 한다. 종료 시점을 정해놔야 한다는 의미다. ‘역사 과제 하기’와 달리 ‘수요일까지 보고서 과제 세 장 쓰기’에는 기한이 있다.

모든 내용을 종합하면 보고서 과제를 위한 SMART 목표는 이렇게 정리할 수 있다. ‘과목 성적과 전체 평점 상승을 위해,

매일 30분 쓰기 5분 휴식을 반복하며, 수요일까지, 역사 보고서 세 장을 완성한다.'

다시 한번 말하지만, 완벽한 타이밍은 없다

2장에서 우리는 과업을 시작하기에 '완벽한 타이밍'이 오리라 자신을 속이는 행위가 미루기에 일부 기여한다는 사실을 배웠다. 하지만 미루기 극복을 위한 기반을 탄탄히 다지려면 이 사실을 완전히 이해하는 것이 중요하다.

아마 지금 당신은 피곤할 테다. 하지만 내일이 되면 덜 피곤할까? 그리고 맞다, 지금은 그 일이 내키지 않는다. 하지만 몇 시간 후라고 갑자기 동기가 솟구칠까? 물론 이 일보다 더 재미있는 일도 있다. 하지만 늘 그렇지 않았던가? 과업을 완수하는 데 필요한 모든 것이 없을지도 모른다. 하지만 지금 있는 것으로도 시작할 수 있지 않은가? 그리고 당연히 앞으로 그 일을 끝낼 시간은 충분할 거다. 하지만 미루는 게, 정말 도움이 될까?

시간도 활력도 동기도 충만한 미래의 꿈같은 시간을 기다리다가는 평생 기다리기만 해야 한다. 백번 양보해도, 결국 막판에 해치워야 하는 스트레스의 굴레에서 벗어나지 못할 것이다. 그러니 이제 완벽한 타이밍이 없다는 사실을 인정하고, 완전히 받아들이자.

성취한 보람에 집중하자

그동안 미뤄 온 일을 하려 할 때면 특히 더 불쾌한 감정이 든다. 다 된 빨래가 소파 위에 어지럽게 쌓인 채로 일주일 정도가 지나면 이것을 개는 일은 끔찍하게 귀찮은 일처럼 느껴진다. 하지만 과업을 시작하며 드는 불쾌감보다는 끝마쳤을 때 느낄 보람에 집중해 보자. 세금 문제를 처리하는 일은 상상만 해도 싫을 정도로 귀찮지만, 처리하고 나면 놀라울 정도로 홀가분하다. 마음가짐의 전환은 미루기 극복에 아주 중요하다.

우리 뇌는 자연적으로 부정적인 것, 위험한 것, 불쾌한 것에 더 집중하는 경향이 있다. 이는 생존을 위한 특성이다. 화재 경보가 울리면 멋진 벽화에 시선을 보내는 것보다 불에 타는 건물에서 탈출할 방법을 궁리하는 데 자원을 할애하는 편이 안전에 도움이 된다. 하지만 대부분의 경우 우리가 일을 미루는 이유는 생존 때문이 아니다(사실 생존과 관련 있는 사안이라면 뇌는 우리가 미루도록 내버려 두지 않을 거다). 일반적인 상황에서는 탈출 경로가 아닌 예술 작품에, 침대 시트를 바꾸는 데 들 수고가 아니라 깨끗한 시트에 누우면 느껴질 상쾌함에 집중해도 된다. 하지만 미리 알아두자. 뇌는 우리 생각과 반대로 움직이려 들 것이고, 일을 시작하려 하면 다시 부정적인 감정으로 초점을 되돌리려 할 것이다. 성취한 보람에 집중하려면 추가적인, 반복적인 노력이 필요하다. 노력의 결과는 충분히 만족스러울 것이다.

긍정적인 면을 보자

간혹 친구에게 전화하거나 저녁 약속을 잡는 것처럼 즐거운 일을 미루는 때도 있다. 하지만 우리가 미루는 대부분의 일은 즐겁지 않은 일이다. 다른 모든 일을 제치고 누가 봐도 재미없는 일을 마치려면 스스로를 납득시킬 수 있는 유용한 전략이 필요하다.

지금 과업을 수행하면 얻을 수 있는 이점을 목록으로 정리해 보자. 물론 이 일은 재미있지도 않고 지겹고 시시하지만, 미루지 말아야 할 타당한 이유도 분명 있다. 그 이유를 떠올려 보자. 목표를 향해 나아가면 나의 상황, 나 자신, 나의 삶은 얼마나 나아질까? 이 일을 해내면 어떤 감정적 보상을 얻게 될까? 나에게 어떤 기회가 찾아올까?

생각만 하지 말고 종이에 써 보자. 우리 뇌는 손으로 쓰는 정보를 처리하는 방식이 다르다. 게다가 직접 쓰면 생각만 하는 것보다 시간이 더 걸리므로 뇌에 정보를 고찰하고 처리할 시간을 더 줄 수 있다.

일상에 체계를 세우자

미루기 극복을 시작할 때 가장 중요한 점 중 하나는 몇 시에 일어나 식사를 하고 출근(혹은 등교, 공부)을 하며 잠자리에 드는지, 시간표를 짜 일과를 유지하는 것이다. 기본적인 일과가 정해져 있으면 우리 뇌는 새로운 에너지를 얻는 시점을 예측할 수 있어 에너지를 소모하는 데 관대해진다. 가령 동기 부여

활동과 같은 일에 말이다. 더욱이 우리가 더 애써 집중해야 하는 때를 예측할 수 있게 되므로, 필요한 때 호르몬과 신경 전달 물질을 추가로 분비해 힘을 돋우어 준다.

일상에 변동성이 큰 활동이 많다면 체계를 세우는 일은 조금 더 어렵겠지만, 적어도 정해진 시간에 일어나고 잠자리에 들고 식사를 하면 일을 마무리하는 당신의 능력에 눈에 띌 정도로 놀라운 변화가 생긴다.

미루는 사람 대다수는 체계나 일과를 좋아하지 않는다. 어떤 이들은 완강히 거부하기도 한다. 여러 이유가 있지만 대부분 이러한 체제가 익숙하지 않으며, 익숙하지 않으면 불편한 감정이 들기 때문이다. 당신도 이 방식을 시도하며 처음에는 불편한 감정을 느낄 수도 있다. 하지만 늘 그렇듯, 어색한 것도 시간이 지나며 익숙해지면 더 편해진다.

미루기 어려운 환경을 만들자

뇌는 인간 생존 전략의 일환으로 에너지를 저장해 놓는다. 음식이 귀하던 때 인간은 에너지를 신중히 사용해야 했다. 언제 다시 보충할지 알 수 없었기 때문이다. 언제든 가능하면 에너지를 보존하는 방향으로 뇌가 우리를 유도하는 이유이다. 문제는 목표를 완수하고, 미루기를 극복하고, 삶에서 앞으로 나아가는 일이 꽤 어렵고 에너지 집약적인 행위라는 점이다. 그래서 뇌는 늘 우리를 방해한다.

그러니 미루기를 선택하기 어려운 환경을 만들자. 집에 건강한 음식만 있다면 마치 과자를 집어 들 듯 셀러리를 선택하게 될 거다. 미루기를 유발하는 흥미로운 무언가가 주변에 없다면 일을 하기로 선택하는 게 훨씬 쉬울 거다. 당신이 미루는 대신 선택하는 활동을 파악하고, 이것을 없애려면 어떻게 해야 할지 고민하자. 미루는 대신 밤늦게 친구들과 게임을 하곤 한다면 마쳐야 할 프로젝트가 있다는 사실을 친구들에게 미리 이야기하자. 미루는 대신 배우자와 TV 보는 쪽을 택하는 경우가 잦다면 아예 도서관으로 가자. 생산성을 해치는 장애물을 최대한 많이 파악해 접근을 막아 버리자.

이제 미루기를 극복하는 일이 쉽거나 단기간에 해결할 수 있는 일이 아니라는 점을 충분히 이해했을 것이다. 하지만 분명 극복할 수 있다. 당신이 극복할 수 있도록 내가 도울 것이다. 이제부터 당신이 미루기의 근본적인 원인을 해결하고 더 나은 습관을 형성하는 데 도움이 될 근거 기반의 전략들을 소개하겠다. 자기인식 방법을 배우고, 목표를 정확히 세우고, 일상에 체계를 만드는 일은 앞으로 나올 전략들을 실천하는 데 도움이 될 것이다. 물론 가는 길이 평탄하지는 않을 것이다. 그럴 때는 자신에게 관대해지는 법을 계속해서 연습하고, 과업을 수행하면 좋은 점에 집중해야 한다는 사실을 잊지 말자.

나와 다르지 않다면 당신의 할 일 목록도 끝이 보이지 않을 정도로 길 텐데(안 봐도 훤하다), 이제 시작점을 찾는 게 중요하다. 우선순위를 정해 목록을 정리할 수 있는 가장 좋은 방법은 무엇인지 알아보자.

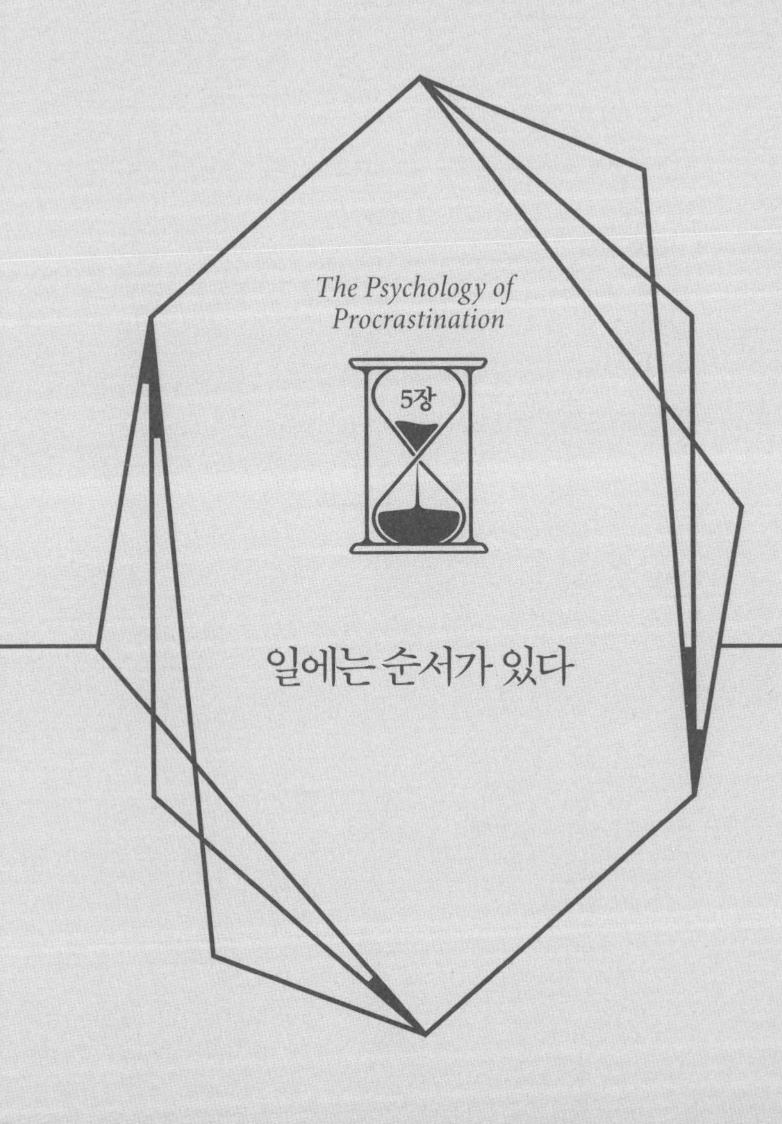

The Psychology of Procrastination

5장

일에는 순서가 있다

미루기 극복의 첫 번째 단계는 착수할 과업을 정하는 일이다. 당연한 얘기처럼 들리는가? 하지만 이게 예상외로 아주 까다롭다. 할 일 목록에 있는 모든 일은 해야 하니까 적은 것일 테니 말이다. 사실 우선순위를 정하는 데에는 엄청난 양의 두뇌 처리 작용이 필요하다. 우리 뇌는 객관적으로 끝낼 필요가 있는 일과 하고 싶은 일, 그리고 일을 실제로 마치는 데 필요한 에너지와 자원 사이의 균형을 맞추기 위해 꽤 복잡한 계산을 수행한다. '이걸 먼저 하고 다음에 저걸 하자'라는 얼핏 단순해 보이는 결정도 신경학적 관점에서 보면 아주 복잡한 일이다. 이번 장에서는 효과적으로 우선순위를 정할 수 있는 기본적인 사항과 할 일 목록을 순서대로 정리하는 데 도움이 되는 전략들을 알아본다.

어떻게 우선순위를 정할까?

우선순위 선정은 완수되어야 하는 중요도 순서에 따라 목표나 프로젝트, 과업을 목록으로 정리하거나 순위를 매기는 일이다. 우리는 일상에서도 늘 우선순위를 매긴다. 단지 알아채지 못할 뿐이다. 오피스 아워office hour(수업 외 시간에 학생들이 교수실을 방문해 학업, 진로 등과 관련해 면담할 수 있는 시간-옮긴이)에 교수실을 찾는 대신 친구들과 노는 쪽을 선택했다면 교육보다 사회생활을 더 우선시한다는 의미이다. 일부 경우에 이 결정은 잘못된 우선순위 선정에서 파생된 전형적이고 확실한 형태의 미루기일 수도 있다. 하지만 친구들과의 사교 행위를 높은 순위에 두는 사람도 분명 있다. 가령 한동안 친구와의 관계를 방치해 왔다면 이 선택은 교우 관계 발전이라는 목표를 달성하는데 도움이 된다. 하나의 과업을 다른 과업보다 우선으로 여기는 데에는 문제가 전혀 없다. 개인적 목표나 지향점에 따라 달라질 뿐이다.

할 일 목록부터 만들자

보지는 않았지만 아마 당신의 할 일 목록은 꽤 길 것이다. 우리 뇌는 한 번에 상당히 적은 양의 정보만 처리할 수 있으므로, 뇌가 처리할 수 있을 정도의 양으로 목록을 줄여야 한다. 하루에 우선적으로 처리할 사항을 한 개 혹은 두 개(세 개 이하)만 선정하는 것이 가장 좋다. 적정량을 넘기면 당신과 당신의 뇌가 부담을 느낀다.

할 일 목록이 없다면 목록부터 만들자. 머리로만 생각하고 있으면 중요한 두뇌 자원만 소모한다. 그러니 종이에 적어 놓고 뇌의 메모리 용량을 조금 정리하자. 더욱이 우리 뇌는 손으로 쓰는 정보를 처리하는 방식이 다르므로 이를 적극적으로 활용하면 좋다.

지금 당장 과업과 프로젝트, 마감 일자, 약속 목록을 적어서 눈에 띄는 곳에 붙이자(그렇다고 서른 개쯤 되는 목록을 만들어 여기저기 붙여 놓지는 말자). 그리고 새로운 일이 떠오를 때마다 목록에 추가하자. 이제 목록이 생겼으니 근거 기반의 전략들을 활용해 일의 순서를 정리해 보자.

긴급하고 중요한 일 구분하기

아이젠하워 매트릭스Eisenhower Matrix란 드와이트 아이젠하워Dwight Eisenhower 전 미국 대통령이 고안하고 이후《성공하는 사람들의 7가지 습관》의 저자 스티븐 코비Stephen Covey가 대중화한 기법이다. 이 기법은 아이젠하워 대통령이 어떤 대학 총장의 말을 빌려, "나는 문제를 긴급한 사안, 중요한 사안, 두 가지로 나눈다. 긴급한 사안은 대개 중요하지 않으며, 중요한 사안은 절대 긴급하지 않다"라고 말한 데에서 유래했다고 알려져 있다.

아이젠하워 매트릭스의 핵심은 긴급성과 중요성을 구분하는 것이다. 목록을 훑어보며 각 과업이 긴급한 일인지(즉각적인 조치가 필요한지), 중요한 일인지(개인적인 가치나 장기 목표와 연관되어 있는지), 두 가지 영역에 모두 해당하는지 혹은 해당하지 않는지 나눠 보자.

	긴급함	긴급하지 않음
중요함	당장 실행한다	계획한다
중요하지 않음	위임한다	제거한다

긴급하면서도 중요한 과업이 가장 먼저 할 일이다. 여기에는 즉각적인 조치가 필요한 위기 상황이나 문제가 포함된다. 예컨대 직장이나 학교에서 지켜야 할 기한, 건강이나 날씨 관련 긴급 사항, 세금이나 차량 문제, 그 외 수입에 영향을 미치는 기타 사항이 해당한다.

중요하지만 긴급하지 않은 과업이라면 앞으로 처리할 일정을 계획한다. '계획한다'는 부분을 어물쩍 넘어가서는 안 된다. 이 칸에 들어가는 과업은 기한은 없지만 목표 달성에 도움이 되는 일이다. 새로운 기술 습득이나 다이어트 내지 운동 루

틴 시작, 대인관계 개선, 자기 관리, 독서, 예산 설정, 수업 듣기 등이 이 영역에 들어간다.

세 번째 영역에는 긴급하나 중요하지 않은 과업이 들어간다. 가능하면 이 항목에 해당하는 일은 누군가에게 위임하자. 부득이 직접 해야 한다면 첫 번째, 두 번째 순위의 일들을 먼저 처리한 뒤에 시간을 내자. 여기에는 나와 관련 없는 회의 참석이나 대부분의 전화, 이메일, 문자 확인, 사람들의 부탁이 해당한다. 특히 부탁은 요청하는 사람에게는 급한 일이지만, 나에게도 중요한 일이라 할 수는 없다. 하지만 부탁을 들어주면 관계를 건강하게 유지하는 데 도움이 되므로 가능하다면 시간을 내어 처리해 주는 것도 유용하다.

마지막으로 긴급하지도 않고 목표 달성에 도움도 되지 않는 과업은 가장 낮은 순위에 두고, 때에 따라 목록에서 지워도 된다. 가령 전혀 관심이 없지만 친구가 침을 튀기며 칭찬하는 통에 킥복싱 수업에 등록한다거나, 정작 자신은 어두워도 상관없다고 생각하지만 어머니의 제안으로 뒷마당에 예쁜 전등을 설치하는 등의 일이 네 번째 영역에 속한다. 우리가 시간을 허비하며 가장 즐겨하는 일, 즉 한없이 SNS 피드의 스크롤 내리기, 유튜브 영상 시청하기, 불필요한 쇼핑하기, TV 보기 등의 활동도 여기에 속한다. 이런 교묘한 '과업'들이 당신의 할 일 목록에 적혀 있지는 않겠지만, 드라마 〈워킹 데드〉의 에피소드 하나만 더 시청한 뒤에 병원에 진료 예약 전화를 하겠다고 생각하고 있다면, 넷플릭스는 이미 당신의 할 일 목록에 올라와 있으며 지워도 되는 네 번째 항목에 들어가 있는 셈이다.

중요도에 따라 일을 분류하기

과업을 분류하는 또 다른 방법으로 ABC 분류법이 있다. A 그룹에는 '반드시 처리해야 하는' 과업이 들어간다. 오늘이나 내일까지는 완수되어야 하는 가장 중요한 과업이 여기에 속한다. 직장이나 학교에서 제시한 기한에 맞춰야 하는 일이나 공과금 납부, 일부 집안일 등이 있을 수 있다.

B 그룹에는 '하는 편이 좋은' 과업이 들어간다. A 그룹에 속하는 과업보다 상대적으로 중요성이나 긴급성이 낮지만, 언젠가 완수되어야 하는 일이 여기에 해당한다. B 그룹에 속하는 과업은 일의 분포 범위가 더 넓을 수도 있다. 가령 하나의 거대한 프로젝트를 구성하는 여러 과업 중에 어떤 일은 상

대적으로 이른 시일 내에 끝내야 하고, 다른 일은 시간 여유가 더 있을 수도 있다. 정기적인 건강 검진이나 식사 준비, 가족끼리 보내는 시간, 예산을 세우는 등의 일이 B 그룹에 속할 수 있겠다.

C 그룹에는 '하고는 싶지만 그리 중요하지 않은' 과업이 들어간다. 핀터레스트Pinterest에 나올 법한 드림 하우스를 짓는 일이나 사진 앨범 정리, 다음 휴가 계획, 새로운 요리법 배우기 등의 일이 여기에 해당한다.

일단 과업을 세 그룹으로 정리했다면 A 그룹에 속한 과업을 마친 뒤 B 그룹으로 넘어가자. C 그룹의 과업은 B 그룹에 넣은 과업을 전부 끝낸 뒤 착수한다.

기한을 정하자

긴급성은 우선순위를 정하는 데 큰 역할을 한다. 긴급성을 평가하려면 일의 기한이 언제인지 파악해야 한다. 하지만 대다수 과업에는 정해진 기한이 없다. 부엌 바닥을 닦거나 자궁경부암 검사를 받거나 할머니에게 전화하는 일도 마찬가지다.

그래서 이런 일들은 화요일에 있을 시험을 위해, 내일 납부해야 할 공과금을 위해, 오늘 자정에 마감되는 세일 행사를 위해 뒤로 밀린다.

한없이 뒤로 밀리는 상황을 방지하려면 모든 일에 나름의 기한을 정하면 된다. 임의로 대충 정하더라도 일단 목록에 있는 모든 과업에 마감일을 지정하고, 각 과업에 부가적인 일이 달려 있다면 여기에도 기한을 정한다. 그리고 날짜순으로 목록을 다시 정리한다. 가령 개인적으로 복학은 매우 중요한 사안임에도 학위 취득에는 정해진 기한이 없으므로 신청을 마냥 미루고 있었다면, 날짜를 정해 복학 관련 정보를 수집하고 수강 신청 날짜를 확인하자. 모든 일정이 확정되면 (일정표에도 반드시 표시할 것!) 긴급성이 생기므로 할 일 목록의 상단으로 올릴 수 있다.

자신이 정한 기한은 무시해도 외적인 영향이 없으므로 고수하기 어려울 수 있다. 마감을 자꾸 어긴다면 이 기한이 중요한 이유를 계속해서 곱씹어 보자. 일정표의 토요일 칸에 '오전 10시, 복학 신청 방법 조사'라고 쓰는 대신, '학교에 가서 복학 신청 방법 알아보기 → 지금 당장 처리하고, 봄 수강신청 또 놓치지 말자 → 그래야 이 지긋지긋한 일을 때려 칠 수 있다 → 그리고 오후에는 수영장에 가서 맘 편히 놀자'라고 적어 놓자.

목표에 도움이 되지 않는 일은 과감히 잘라내자

안타깝지만 하고 싶은 모든 일을 할 수는 없기에 우리는 시간과 힘을 투자할 영역을 선택해야 한다. 목표에 직접적인 도움이 되지 않는 과업을 지워 목록을 다듬자.

우선 목표를 확실히 정해야 한다. 가장 먼저 떠오르는 건 학위 취득, 승진, 이력서에 넣기 위한 특정 기술 습득 등 학업이나 경력과 관련한 목표일 것이다. 이 외에도 자선활동, 정치 · 시민 활동, 영성, 육아, 가까운 관계의 사람들, 가족, 친구, 건강, 개인적인 성장 등 삶의 다양한 영역과 관련한 목표가 있을 수도 있다. 목표를 구체적으로 정의하는 방법은 4장(114쪽)을 참고하면 된다.

집중하려는 목표가 확실해지면 목록을 훑어보며 목표 달성과 관련 없는 과업이 있는지 확인하고, 만약 있다면 지울 필요가 있을지도 고민한다. 예를 들어 주말에 반려견을 위한 스웨터를 뜨개질해 직접 만들어주려 했으나, 목표 중에 뜨개질, 스웨터, 반려견과 관련한 사항이 없다면 기성 제품 구매를 고려해 보자. 나에게 중요한 사안을 직접적으로 보완하는 활동을 기준으로 목록을 줄이다 보면 정말 많은 것을 해낼 수 있다.

예상 소요 시간에 따라 분류하자

불필요하거나 목표 달성에 도움이 안 되는 과업을 모두 쳐냈다면, 각 과업을 완수하는 데 소요될 것으로 예상되는 시간을 기준으로 목록을 정리해 우선순위를 정하자. 2장에서 이야기했듯이 인간이 지닌 시간 개념은 꽤 형편없다. 하지만 해보지 않으면 개선할 수도 없다. 목록을 쭉 보고 각 과업에 걸릴 시간을 예상해 보자. 그다음에 주어진 시간을 고려하여 우선순위를 정한다. 주어진 시간이 30분이라면 그 안에 끝낼 수 있는 과업을 상단에 올린다. 몇 시간 단위의 여유가 있다면 30분보다는 더 큰 규모의 과업을 우선시하면 된다. 각 활동에 걸리는 시간을 기억해 두면 예측 정확도가 높아진다. 습관적으로 예상 시간을 과소평가하는 편이라면 적당한 편차 수준에 다다를 때까지 자신이 예상한 시간에 몇 분을 더하자. 과대평가하는 편이라면 반대로 몇 분씩 빼면 된다.

결과를 고려하여 우선순위를 정하자

과업을 완수할 경우 혹은 미룰 경우 얻을 결과를 고려하여 우선순위를 정할 수도 있다. 미룰 경우 직장에서 질책당하거나, 배우자와 다투거나, 병을 앓거나, 상당한 금전적 손해를 입는 등 심각한 결과를 초래할 만한 일은 최우선순위 과업에 속한다.

이보다는 덜 심각한 결과를 부르는 과업이 다음 순위에 오른다. 미루면 주변 사람을 실망하게 하거나 불편함을 겪거나, 소액의 벌금을 내거나 다소 손해를 입을 만한 일이 여기에 속한다.

다음은 완수하면 좋겠지만 못한다고 해도 영향이 거의 없는 일이다. 옷장 정리, 침실 벽 페인트칠, 이웃집 방문 등이 해당하겠다.

가장 아래에는 결과적 영향이 전혀 없어 목록에서 지워도 되는 일들이다. 관심도 없던 일을 취미로 삼거나 친구들을 따라 TV 프로그램을 시청하는 일을 예로 들 수 있다. 이 유형에는 오랜 시간 게임을 하거나 거울 앞에서 옷매무새를 가다듬거나, 기사를 읽느라 시간을 허비하거나 간식을 먹는(간식 시간은 놀라울 정도로 많은 시간과 생산성을 잡아먹는다) 등, 공식적으로 할 일 목록에 없더라도 우리의 시간을 낭비하는 활동을 포함한다.

힘든 일 먼저? 쉬운 일 먼저?

어느 정도의 노력이 필요할지 예측하여 과업의 우선순위를 정해도 된다. 하지만 주의할 점! 우리는 노력이 더 많이 들어가는 과업일수록 더 미루려는 경향이 있다. 즉, 우선순위에서 하위로 밀릴 수 있다는 말이다. 과업에 착수할 충분한 에너지와 시간, 자원이 없다며 일을 미룬다. 여기에서 필요한 전략은 노력이 적게 드는 과업을 먼저 처리하고 많은 노력이 필요한 과업을 나중에 하는 것이 아니다. 반대로 노력을 쏟아야 하는 과업을 무조건 먼저 하고 손쉽게 할 수 있는 과업을 마지막에

하라는 것도 아니다.

에너지가 필요한 과업과 덜 필요한 과업 사이의 균형을 맞추는 데 집중하자. 큰 노력이 드는 과업은 하루에 하나만 하고 나머지 시간에는 비교적 쉬운 과업을 하며 보내자. 이 방식을 활용하면 품이 많이 드는 과업이 뒤로 밀리지 않는다. 더불어 균형 있게 에너지를 소비할 수 있으며, 어려운 과업을 막판에 잔뜩 해결하느라 녹초가 되거나 쉬운 일만 골라 처리하는 자신을 막을 수 있다. 업무량을 고르게 나누듯, 우리의 에너지도 적절히 분배하는 것이다.

삶의 질에 미칠 영향을 고려하자

삶의 질은 우리가 살고 있는 전반적인 상태를 뜻한다. 얼마나 건강한지, 안락한 생활을 하는지, 만족하는지 말이다. 각 과업이 삶의 질에 미칠 영향을 고려하여 우선순위를 정할 수 있다.

스스로에게 물어보자. '이 일이 내 삶을 편하게 만들어 줄까?' 인스타그램 피드를 내리며 한 시간을 보내면 내 삶이 더 편해질까? 그렇지는 않을 것이다. 대신 한 시간 동안 자동차

엔진 오일을 교환하면 내 삶이 편해질까? 물론이다. 30분 동안 새 크리스마스 장식을 고르면 내 삶이 더 편해질까? 근사해지기는 하겠지만 편해지진 않을 것이다. 차라리 그 시간 동안 반려견이 부르면 달려오도록 훈련시키는 게 나을까? 이견의 여지 없이 당연하다.

주의할 점이 있다. 2장에서 우리는 미루는 사람이 미래에 느낄 감정이나 필요보다 당장의 감정을 우선시한다고 배운 바 있다. 현재의 행복이나 만족보다 장기적인 삶의 질에 초점을 맞추도록 연습하자.

우선순위는 개인마다 다르다. 그러니 자신의 가치나 목표를 반영한다면 당신이 정한 우선순위에 '옳고 그름'은 없다. 안타깝게도 할 일 목록을 만들고 우선순위에 따라 정리했다고 해서 끝난 게 아니다. 정리한 목록을 실제 행동으로 옮길 수 있도록 스스로 동기를 부여해야 한다.

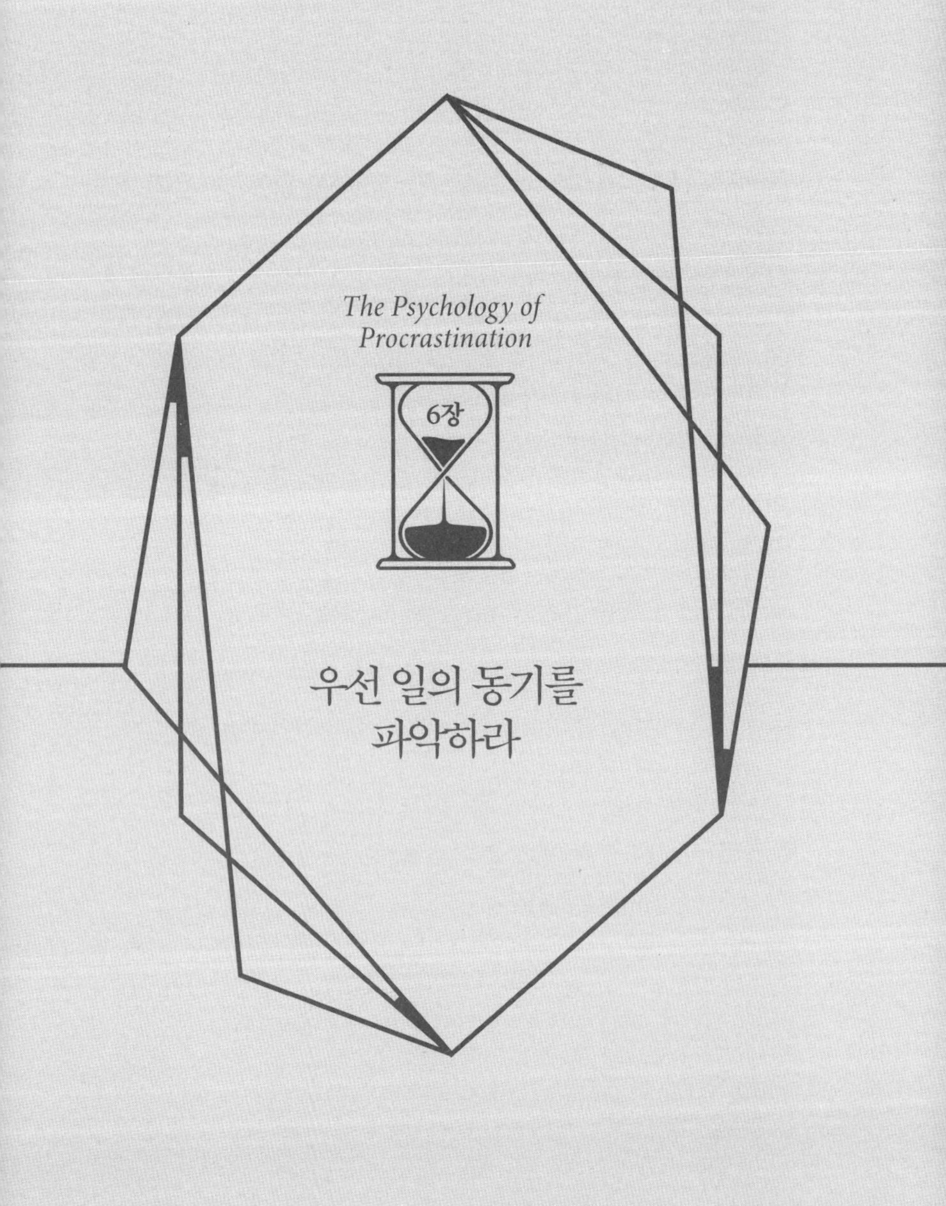

우선 일의 동기를 파악하라

클리닉을 찾아온 피상담자들이 자주 토로하는 걱정이 하나 있다. "[이전에는 하고 싶다고 말했던 과업을] 할 의욕이 안 생겨요." 우리는 일상적으로 재미는 없지만 중요한 과업을 하도록 스스로 동기를 부여하려 노력한다. 하지만 결코 쉬운 일은 아니다. 일을 시작하거나, 더 쉽고 흥미로운 일 대신 어렵고 지루한 일을 선택하도록 자신을 북돋우는 일은 미루기 극복을 위한 여정에서 가장 뛰어넘기 힘든 난관 중 하나가 될 것이다. 그렇다고 불가능하다는 뜻은 아니다. 우선 동기란 무엇인지, 어디에서 오는지 파악하는 것부터 시작하자. 그다음에 스스로 동기를 부여할 수 있는 과학적 전략들을 살펴보자.

동기는 감정으로부터 시작된다

동기는 우리 자신을, 상황을, 주변 환경을 바꾸도록 도와준다. 모든 동물에게는 동기가 있으며, 덕분에 우리는 음식과 잠잘 수 있는 안전한 장소, 짝을 찾는다.

흔히 생각하는 바와 달리 동기는 보유 여부를 따질 수 있는 정적인 성격의 기제가 아니다. 동기는 있을 때도 있고 사라질 때도 있다. 음식이나 안전, 섹스를 얻으려는 욕구가 모든 동물에게 늘 있는 것처럼 보이지만 사실 이 모든 것을 항상 원하는 동물은 없다. 인간은 사회적 인기, 스포츠카, 비싼 보석처럼 생존에 필요한 기본적인 욕구 이상의 것도 원하지만, 역시나 늘 원하는 건 아니다. 동기란 특정한 때에 특정 행동을 하도록 유도하는 특정한 욕구의 일종으로, 현재 벌어지고 있는 일에 큰 영향을 받는다. 가령 인간은 음식 먹는 행위를 즐긴다. 하지만 조금 전 뷔페에서 배부르게 식사하고 나왔다면 배가 고플 때와는 달리 한동안 음식을 의욕적으로 찾아 나서지는 않을 것이다.

미루기와 마찬가지로 동기도 우리의 감정과 상호 작용한다. 사람은 고통을 피하고 싶어 한다. 고통을 느끼면 하던 일을 멈추고 이를 끝내고 싶다는 욕구가 인다. 사람은 안락함과 행복감을 더 많이 느끼고 싶어 하며, 이러한 동기는 장기적인 목표에 보탬이 될 이성적인 계산을 하는 대신 단순하고 즉각적인 즐거움을 선택하는 데 영향을 미친다. 예상컨대 아마 기분이 좋거나 기분을 좋게 만들어 줄 상황에서 동기가 솟구치는 경험은 해봤어도, 기분이 나쁜 상황에서는 경험하지 못했을 것이다.

동기가 중요한 이유

동기는 동물의 생존에 대단히 중요한 요소이다. 인간의 경우에도 동기는 선천적인 기제이다. 하지만 모두가 이를 효율적인 방향으로 연결 짓지는 않는다. 바짓단 수선법을 배우는 행위보다는 최근 유행하는 춤을 배우는 행위에 동기가 솟구칠 가능성이 높은 것과 마찬가지이다.

이는 우리가 대립하는 여러 동기를 동시에 느끼기 때문이다. 수고를 들여 건강한 식단으로 식사를 차리고 싶으면서도 반려견을 데리고 산책하러 나가고도 싶다. 하지만 한 번에 한 가지 일 밖에 할 수 없으므로 우리 뇌는 대립하는 과업 중 하나를 선택해야 한다. 동기는 주어진 시간 안에 할 수 있는 것을 고르는 데 도움이 된다.

스스로 동기가 부족하다고 느끼는 이유는 이것이 우리의 진짜 희망 사항을 따르기 때문이다. 솔직히 말해서 우리가 원하는 건 건강한 음식을 먹는 것이 아니라, 건강한 음식을 먹고 싶다는 바람을 갖는 것이다. 둘은 무척이나 다르다. 동기는 바라길 원하는 대상이 아니라 실제로 바라는 대상을 따른다. 여러 대립하는 욕구 중 하나를 선택해야 하는 상황에서 동기는 내가 진정 원하는 대상에 의해서만 촉발되므로, 필요하지만 재미는 없는 과업에 착수하기가 어려운 것이다.

동기가 미루기를 부추기는 이유

미루기를 해결하려면 동기와 관련한 문제를 반드시 해결해야 한다. 심리학적 관점에서 먼저 말하자면, 동기는 우리를 성가시게 하는 복잡한 일을 뒤로하고 당장의 쾌락을 제공할 난순한 과제로 눈을 돌리게 만든다. 즉, 미루도록 부추기는 것이다. 그렇기에 (4장 114쪽에서) 자신이 세운 목표와 가치를 되돌아보고, 추구하고자 하는 방향을 되새기는 게 중요하다.

가장 중요한 건 목표 달성에 100퍼센트 전념해야 한다는 점이다. 불편함을 충분히 감수하고 내키지 않는 날에도 과업을 수행하며 전진하는 것이 100퍼센트 전념이다. (1퍼센트만 줄여서 99퍼센트만 노력할지 등) 조금이라도 자신과 타협하려 한다면, 목표 달성을 떠올릴 때마다 오늘은 전진하는 날이 될지 아니면 미루는 날이 될지 씨름해야 한다. 매번 이렇게 내면의 갈등을 거쳐야 한다면 실제 과업에 필요한 뇌의 에너지가 낭비될 수밖에 없다. 그리고 결국 자신과의 싸움에서 진다면 목표 달성에 대한 자신감이 줄고 동기도 사그라든다.

해결책은 간단하다. 100퍼센트 전념하자. 스스로 목표를 잘 따라가고 있는지 관찰하자. 그 과정에서 자신감을 쌓고, 지속할 수 있는 동기를 얻자.

여기까지 잘 따라왔다면, 이번 장에서 소개할 여러 근거 기반의 전략을 활용해 노력을 더 가치 있는 방향에 쏟자. 처음부터 의욕적으로 헬스장에 가고, 셀러리를 먹고, 주간 예산을 짤 수는 없다. 목표를 위해 100퍼센트 전념하고 새로운 습관을 형성하면 동기는 자연스레 생긴다. 담배를 끊으면 흡연 욕구는 서서히 줄고 금연을 유지하고 싶다는 동기가 더 커지는 것과 마찬가지다. 장기 목표에 부합하는 방향을 선택하는 일이 처음에는 어려울 수 있다. 하지만 일단 탄력을 받으면 점점 더 쉬워진다. 목표에 매진하기 시작하면 동기 자체보다는 진행 흐름에 집중하자. 그리고 다음에 소개할 전략들을 활용해 이 흐름을 유지하자.

'미래의 나'는 무엇을 원할까

잠깐 멈춰서 '미래의 나'는 무엇을 원할지 자신에게 물어보며 동기를 찾아보자. 이 질문이 불필요하게 들릴지도 모르겠다. 하지만 2장에서 이야기한 대로 우리 뇌는 대체로 미래에 대한 걱정은 적은 반면 현재에 더 집중하는 경향이 있다. 말이 되긴 한다. 내가 당장 살 수 없다면 미래를 걱정해서 무엇 하겠는가. 하지만 다행히도 우리는 지속적으로 생존을 위협받는 시대에 살고 있지는 않으니까 미래에도 집중해 보자.

시간이 남을 때 무엇을 해야 할지 고민된다면 자신에게 이렇게 묻자. '미래의 나는 무엇을 원할까?' 30분의 여유 시간 동안 유튜브에서 언박싱 영상을 보기를 원할까, 아이에게 책을 읽어주기를 원할까? 미래의 내가 원하는 바를 당신은 아마 정확히 알고 있을 가능성이 높다. 하지만 중요한 건 자신에게 일부러 물어보는 것이다. 분명 우리 뇌는 스스로 이 질문을 던지지는 않을 테니 말이다. 질문의 답변을 자극제로 삼아 행동으로 옮기자.

일정표를 확인하자

지금 이 일을 하면 재미를 놓치고 말리라는 생각에 일을 미루는 사람이 많다. 가령 이런 것이다. '지금 세탁기를 돌리면 친구들이 지금 온라인에서 다 같이 즐기고 있는 게임을 놓치고

말 거야.'

이 사고 과정을 역이용해 동기를 얻을 수 있다. 생각을 180도 전환하여 지금 미루면 나중에 놓치게 될 즐거운 일을 떠올리는 거다. 일정표를 꺼내 가까운 시일 내에 계획된 일정을 살펴보자. 이번 주에는 친구들과의 맥주 약속, 독서 모임, 데이트, 콘서트 참석이 계획되어 있다. 프로젝트 마감이 금요일이므로 오늘의 할당량을 마치지 않으면 이 일정 중 하나는 미뤄야 한다. 이 사실을 이용해 과업을 끝내도록 자신을 압박하는 것이다.

사교 일정을 중요시하지 않는 편이라면 그 외에 내가 기다리는 다른 일정을 살펴보자. 토요일 오전에 앤틱 가구 쇼핑이, 일요일에는 하이킹이 예정되어 있고, 월요일은 〈베첼러The Bachelor〉(시즌 25까지 방영된 미국의 인기 리얼리티 쇼로 남성 한 명을 차지하기 위해 여러 명의 여성이 경쟁하는 내용이다-옮긴이)를 방영하는 날이다! 지금 집 청소를 하지 않고 미루면 이 중 하나를 취소해야 할지도 모른다. 미루기 위한 핑계가 아니라 미루지 않기 위한 동력으로 개인적인 즐거움을 활용하자.

떠오르는 순간 실행하자

말 그대로다. 무엇을 해야겠다는 생각이 들면 곧장 해치우자. 떠오르자마자 해야 한다. 몇 초만 지나면 뇌가 그것을 하지 말자며 우리를 유혹할 테니, 우리 결정을 번복하도록 만들기 전까지의 그 짧은 순간을 기회로 활용하자. 부엌을 지나가다가 식기세척기에 넣을 그릇을 발견했다면 할 일 목록에 적지 말고 바로 기계를 돌리자.

이 방법은 할 일 목록에 사소한 잔업이 쌓이는 상황을 막아준다. 나중에 자잘한 것들을 떠올리기 위해 머리를 굴리며 에너지를 낭비할 필요가 없다. 더욱이 일을 미루면 다시 동기를 끌어모아야 하는데, 과업이 따분한 경우 이는 쉽지가 않다. 생각나는 즉시 일을 처리하면 어렵사리 의욕을 끌어 올릴 필요도 없다.

성공적으로 완수한 자신의 모습을 떠올리자

시각화는 인간 두뇌가 지닌 굉장히 강력한 기능 중 하나이다.

운동선수는 시각화를 활용해 경기장에 나서기 전 경기를 뛰는 자신의 모습을 떠올리고, 화가는 캔버스에 물감을 바르기 전 전체 작품을 미리 계획한다. 체스 선수는 시각화를 통해 상대 선수의 다음 수를 예측한다. 시각화는 기본적으로 두뇌가 미리 연습하는 것과 같다. 그리고 언제나 그렇듯 연습은 성공 가능성을 높인다. 예행연습을 하는 동안 두뇌는 우리가 실제 과업을 수행하는 데 도움이 될 목적의식과 동기를 불러일으킨다.

방법은 이렇다. 예를 들어 오늘 퇴근길에 헬스장에서 운동을 하면 좋겠다는 생각이 들지만, 평소 습관에 기반하여 예상컨대 아마 드라이브 스루에서 음식을 사 와 집에 있는 안락의자로 직행할 가능성이 크다. 이때 마음의 눈으로 차근차근 과업을 실행해 나가는 자신의 모습을 미리 그려보자. 제일 첫 단계부터 시작하는 거다. 일을 마치고 차에 타는 순간부터 시작한다. 그다음 운전하여 헬스장으로 향하는 자신의 모습을 그린다. 주차를 하고, 출석을 기록하고, 옷을 갈아입고, 운동을 하고, 다시 차로 돌아가고, 마지막으로 집 주차장으로 들어서는 자신의 모습까지 상상한다. 시각화는 충분히 시간을 들여 수행하는 게 좋고, 구체적으로 상상할수록 효과가 커진다. 두뇌가 미리 경험하게 만들어 우리가 이미 일상적으로 하는 일이라 생각하도록 속인다고나 할까. 이 방법을 활용하면 과업을 수행하는 게 점차 수월해진다.

좋아하는 일과 싫어하는 일을 조합하자

하고 싶지 않은 일, 즉 미루고 싶은 일과 즐겨하는 일을 조합해도 동기 부여에 도움이 된다. 즐겨하는 일을 향한 동기를 지루한 과업 완수에 활용할 수 있는데, 이를 유혹 묶기temptation bundling 혹은 충동 조합impulse pairing이라고 부른다.

시험 때만 되면 공부를 습관적으로 미루지만 사람과의 대화를 매우 즐기는 사람이라면, 스터디 모임을 만들어 좋아하는 것(사교 행위)과 미루는 것(공부)을 조합한다. 도서관에 앉아 혼자 공부하는 대신 모임에 참여하면 공부를 하려는 동기를 더 자극할 수 있다. 이 전략은 감정적 요소를 활용한다. 지금 나에게 긍정적 감정을 주는 대상과 중요도가 높은 대상을 조합하는 것이다. 사교 활동은 당장 나의 기분을 좋게 만들어 준다. 공부는 내키지는 않지만 중요한 일이다. 두 가지를 한데 묶으면 사교 활동에 생기는 동기를 공부에 활용할 수 있다.

장단점을 따져 보자

인간 두뇌에서 동기가 발생하는 과정 대부분은 무의식적으로 일어난다. 우리는 눈 깜짝할 사이에 목표와 감정을 파악하고 다음 행동을 정한다. 그래서 이 과정의 속도를 늦추면 장기적인 목표에 부합하는 결정을 내리는 데 도움이 된다. 지금 몇 분만 투자해서, 생각만 하지 말고 종이를 꺼내 당장 과업을 처리할 경우와 미룰 경우의 장점과 단점을 적어 보자(152쪽 매트릭스 참고).

과업을 미루면 가끔 납득할 만한 이점이 생기기도 한다. 학교 숙제와 관련한 정보를 더 얻을 수도 있고, 도움을 구할 누군가가 나타날 수도 있으며, 정원 손질에 더 좋은 날씨가 찾아올 수도 있다. 매트릭스의 각 사분면을 면밀히 검토하면 단기적인 필요와 더불어 장기적인 목표를 살필 수 있는 충분한 시간과 기회를 우리 뇌에 제공할 수 있으며, 가장 쉬운 일에 뛰어드는 대신 멀찍이 떨어져 큰 그림을 살펴볼 수 있다. 이 과정은 더 어렵고 중요한 과업을 수행할 동기를 얻도록 도와준다.

	장점	단점
당장 수행할 것		
미룰 것		

완료 목록을 만들자

할 일 목록의 문제는 끝나는 법이 없다는 데 있다. 진심이다. 마치 내가 죽는 순간에도 할 일이 잔뜩 적힌 목록을 손에 쥐고 있을 것만 같다. 남아 있는 일에 집중하면 사기와 의욕이 저하된다. 끝난 일에는 체크 표시를 하거나 줄을 그어 지우자. 이것은 심리적인 만족감을 준다. 그리고 완료한 일을 적은 목록도 만들자. 이는 자신이 낸 성과를 인정할 시간을 주는 하나의 방법이며, 새로운 과업으로 넘어갈 수 있는 동기를 부여한다.

인생의 목표를 떠올리자

동기는 우리의 바람과 직접적으로 연관되어 있다. 하지만 우리가 원하는 건 하나가 아니므로 진정으로 바라는 게 무엇인지 잊기도 한다. 빚을 변제하고 싶은 동시에 테라스에 놓을 의자와 테이블이 갖고 싶을 수도 있다. 시간을 내 나의 진정한 목표는 무엇인지, 진심으로 원하는 바가 무엇인지 떠올리는 것이 중요하다.

여기서 핵심은 과업과 나의 인생 목표를 연결하는 것이다. 가령 당신이 정한 과업이 이 책을 완독하는 일이라면 이는 미루기 극복법을 배우겠다는 더 큰 목표와 연결되고, 다시 학위 취득이나 가족을 부양하기 위한 소득 증가와 같은 인생 목표로 이어질 수 있다. 만약 거실 청소를 과업으로 정했다면 이는 아이들에게 일상생활의 기술을 보여준다는 더 큰 목표로 이어지고, 자녀를 책임감 있는 사람으로 양육하겠다는 인생 목표로 확대될 수 있다.

할 일 목록에 오를 정도로 중요한 과업이라면 개인적인 목표와 어떤 식으로든 연결되어 있을 게 분명하다. 우리 뇌는 이러한 점들을 알아서 연결하지 않으므로, 잠시 시간을 내 이들

사이의 연관성을 파악하면 그저 시간만 보내는 일을 하는 대신 중요한 일을 위한 동기를 얻는 데 도움이 된다.

우선순위 정하는 법과 동기 부여 방법을 배웠으니 이제 과업을 실제로 수행할 차례이다. 각오를 단단히 다져야 한다. 가장 힘든 부분은 지금부터 시작이다. 하지만 당신은 충분히 할 수 있다. 시작부터 차근차근해 보자.

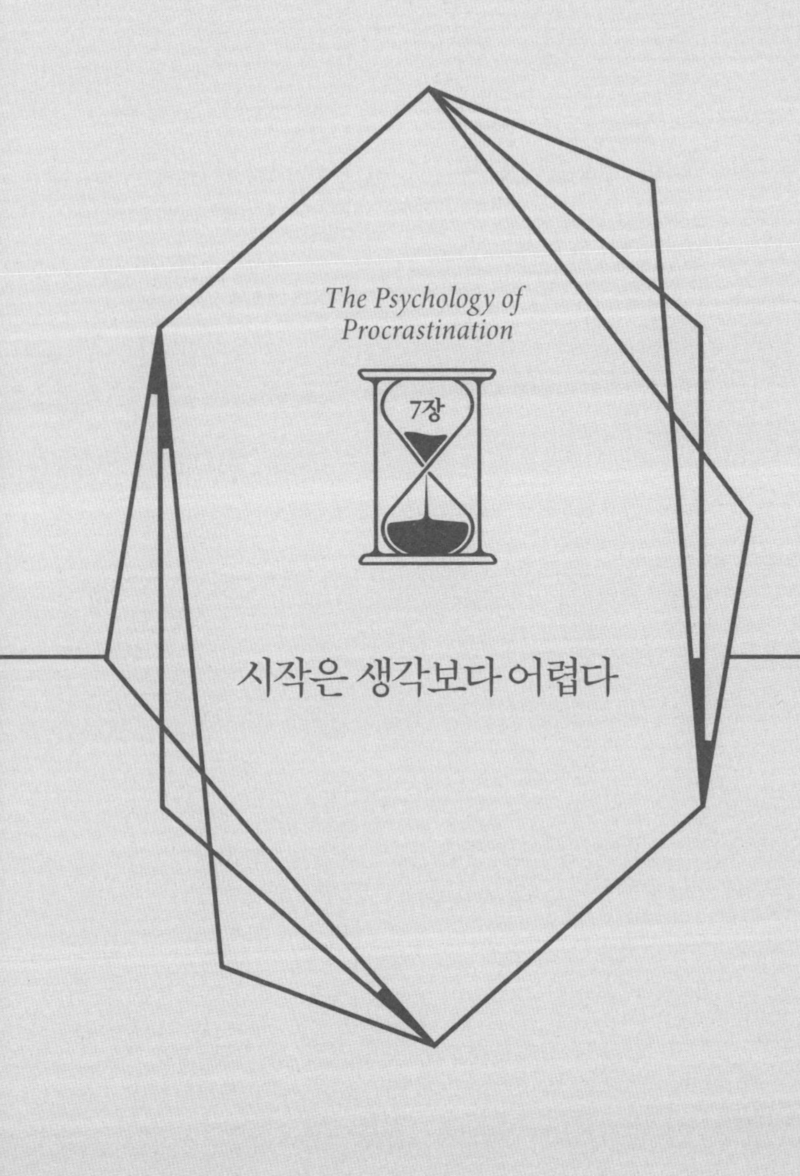

The Psychology of Procrastination

7장

시작은 생각보다 어렵다

무언가를 시작하는 일은 생각보다 꽤 어렵다. 무엇을 할지 정하고 나면 마냥 할 수 있을 것만 같지만, 경험에 비추어 봤을 때 그렇게 단순하지 않다는 사실을 당신은 이미 알고 있다. 다행히도 심리학자들이 연구를 통해 시작을 어렵게 만드는 다양한 이유를 밝혀냈다. 출발선을 가로막는 심리적 장벽의 정체를 이해한다면 이를 극복하는 전략을 세우는 데에도 도움이 된다. 이번 장에서는 과업에 착수하기 위한 심리학 기반의 여러 전략을 알아보자.

그냥 시작 자체가 어렵다

새로운 일을 시작하는 건 누구에게나 어렵다. 하지만 미루는 사람 중 일부는 과업을 시작하는 데 관여하는 두뇌의 처리 과정이 충분히 발달하지 않아 특히 더 새로운 일을 잘 시작하지 못한다.

너새니얼의 사례를 살펴보자. 둘째가 태어나면서 너새니얼의 집은 가족 규모에 비해 좁아졌고, 자신보다 더 풍족한 환경에서 아이들을 키우고자 했던 너새니얼은 침실을 추가로 확장하는 일을 무척 중요하게 생각했다. 하지만 왜인지는 모르겠지만 그냥 프로젝트 자체를 시작할 수가 없었다. 원래 목표는 둘째가 태어나기 전에 침실을 만들어 놓는 것이었지만, 어느덧 정신을 차리고 보니 둘째는 이미 아장아장 걸어 다니고 있었고, 그는 여전히 아무것도 시작하지 못한 상태였다.

침실 공사에 본격적으로 돌입해야겠다고 마음먹었을 때 너새니얼은 공사 과정이 체계적으로 정리되지 않은 느낌이 들었고, 이 일의 규모에 위축되었으며, 자신이 책임지고 방을 만들어야 한다는 점이 억울했다. 이 불편한 감정에서 벗어나기 위해 그는 일을 계속해서 미뤘고, 자신감을 느낄 수 있게 해주는 휴대폰 활동에 빠졌다. 꽤 자신 있는 일이라 하더라도 어떤 과업이든 시작하려 할 때는 여러 가지 감정을 느낀다. 불확실성, 초조함, 불안함을 느끼기도 하고, 힘이 빠지거나 갈팡질팡할 수도 있다. 혹여 실수하지는 않을까, 즐기고 여유를 가질 시간은 있을까, 일을 잘 끝내면 사람들의 기대치가 높아지지는 않을까 염려한다. 일을 시작하려면 이러한 감정과 생각에 대응할 계획이 있어야 한다.

시작을 어려워하는 이유

일을 시작할 수 있는 비결은 그것이 쉽지 않을 것임을 인정하는 것이다. 운이 좋게도 침실을 만드는 일 외에 아무런 할 일도 없는 날은 오지 않는다. 솔직하게 인정하자. 그리고 어려운 일을 할 때 떠오르는 생각과 감정을 통제할 수 있는 전략을 짜자.

시작을 어려워하는 이유는 힘든 감정과 생각에 대응할 전략을 구상하는 대신 이를 무시하고 아예 없는 척하기 때문이다. 감정을 무시하는 행동은 거실을 날아다니는 모기를 무시하는 것과 같다. 조용히 숨어 있다가 결국 우리를 물고 만다. 감정을 받아들이고 제대로 대응하지 않으면 과업은 순조롭게 진행되지 않고 미루기의 유혹은 끊이지 않을 것이다. 반대로 감정을 제어하는 것이 미루기 극복의 과정이라는 점을 인정하고 나면 뒤이어 나올 전략들을 활용해 과업을 시작해 볼 수 있을 것이다.

쓸모없는 생각을 포착하자

쓸모없는 생각 포착하기 전략은 우울증부터 불안장애, ADHD에 이르기까지 거의 모든 정신 건강 문제에 활용되는 근거 기반의 심리적 개입 방식이면서, 가장 널리 연구되는 분야 중 하나인 인지행동치료Cognitive Behavioral Therapy, CBT의 기초이기도 하다. 여기서 핵심은 과업을 시작하지 못하게 만드는 쓸모없는 생각을 포착하는 것이다. 이 방식은 근거 기반이 탄탄해 내가 굉장히 좋아하는 전략 중 하나이다. 별을 그려 강조 표시를 해놓고 백 번 이상은 연습해 보길 바란다.

과업을 시작하려 할 때 이를 방해하는 쓸모없는 생각들이 다음과 같이 떠오를 것이다.

- 그걸 하기엔 너무 피곤해/불안해/우울해/스트레스받아.
- 내일 하면 되지.
- 어차피 제시간에 못 끝낼 텐데 지금 해서 뭐해? 그다지 중요하지도 않은데 나중에 해도 돼.
- 지금은 할 시간이 없어.
- 지금 하는 것만 끝내면 그 일을 할 거야.
- 지금 그 일을 할 기분이 아니야.

생각을 포착하고 찬찬히 뜯어보자. 과학자가 되었다고 생각하고 위의 생각들은 가설이라고 치자. 이제 가설의 진위를 확인하기 위해 검증해 볼 차례다.

- 가설: 오늘 저녁에 이력서를 쓰기에는 너무 피곤하다.
- 가설을 뒷받침하는 증거: 오늘 아침에 일찍 일어났다. 오늘 회의가 많았다. 아이들이 오늘따라 유난히 더 신이 나 있다.
- 가설을 반박하는 증거: 이력서에 들어갈 내용은 기본적인 인적사항이 대부분이다. 어찌 되었든 앞으로 몇 시간은 더 깨어 있을 예정이다. 나는 살면서 피로를 이겨내고 많은 일을 성공적으로 수행해 왔다.

검증을 통해 알아낸 사실을 요약하여 정리하자.

- 합리적인 응답: 피곤한 건 사실이지만, 그렇다고 이력서를 작성하지 못할 정도는 아니다. 게다가 나는 지금까지 피곤함을 극복하고 많은 성과를 낸 경험이 있다.

평소라면 '나는 너무 피곤해'라는 생각을 사실로 받아들이고 미루곤 한다. 여기에서 중요한 점은 과업을 방해하는 쓸모없는 생각을 무시하는 대신 그것을 인지하고 사실이 맞는지 반박해 보는 것이다. 가끔은 미루는 핑계에 말도 안 되는 오류가 있다는 사실을 발견할 수 있다.

계획과 무계획 모두 활용하자

일정이란 정해진 시간에 계획한 행사나 활동 목록이다. 일정에 속한 활동이 그렇지 않은 활동보다 실행될 확률이 더 높다는 사실은 연구를 통해 꾸준히 확인되고 있다. 즉, 너무 유동적이고 즉흥적인 과업이나 목표는 미루기를 유발할 수 있다. 공과금을 납부하고, 우편물을 열어보고, 병원 진료를 예약하고, 사교 일정을 계획하려는 시점을 정해두면 실행할 확률도 꽤 올라간다. 플래너나 달력 앱을 활용해 일정을 기록해 두고, 이를 지킬 수 있도록 알람이나 리마인더를 설정하자. 장보기와 같이 특정 시간대에 수행할 필요가 없는 활동도 실제 수행으로 이어질 수 있게 (가령 '토요일 오전 11시'와 같이) 시간을 정해 놓자.

미루는 사람은 대부분 일정이라는 것에 진저리를 내므로 대안도 하나 알려주겠다. 일정이 없는 것, 즉 무계획을 활용하는 거다. 무계획은 업무, 수업, 식사, 수면 일정이나 정기적인 약속, 목요일 저녁 맥주 약속 등 당신이 주기적으로 세우는 모든 계획된 일정에서 시작한다.

일정 사이에는 남는 시간이 있다. 아무런 계획이 없는 이런 시간은 미뤄 온 일을 할 수 있는 좋은 기회지만, 대개 TV를 보거나 휴대폰으로 무언가를 하거나 동료와 잡담을 하거나 잠깐 졸면서 사라져 버린다. 하지만 과업 착수에 이 자투리 시간은 유용한 자원이 될 수 있다. 남는 시간을 고려하며 (5장 126쪽에서 만든) 할 일 목록을 살펴보자. 그리고 비는 시간에 대략적으로나마 할 수 있는 과업을 정해 수행하겠다고 자신과의 약속을 잡자.

덩어리로 나누자

규모나 부담감이 큰 과업은 특히 시작하기 더 어렵다. '역사 시험공부 하기', '이삿짐 싸기', '10킬로그램 체중 감량'과 같은 과업은 대형 프로젝트이므로 아무래도 몹시 괴로운 감정을 유발하게 마련이고 이는 결국 미루기로 이어진다. 과업을

'덩어리로 묶기chunking'는 프로젝트를 비슷한 부류끼리 나눠 한 '덩어리' 혹은 부문씩 처리하는 것을 말한다. 예를 들면 이삿짐을 싸야 하는 상황이라면 방을 단위로 일을 나누고, 다시 방 안에서도 영역별로 일을 나눌 수 있다. 침실 옷장에서 시작해 침대 아래 숨겨져 있는 잡동사니를 정리하고, 침대 옆 탁자를 싸고 서랍에 있던 물건들을 상자에 넣는다. 벽에 걸려 있는 여러 장식품까지 포장하고 나면 침실에 해당하는 과업 덩어리는 끝났다. 이제 욕실을 정리한다. 이렇게 각 방과 방안의 여러 영역을 각각의 덩어리로 여기고 하나씩 처리한다.

추진력을 활용하자

추진력momentum은 과업에 착수하는 데 매우 유용한 수단이다. 공을 굴리기 시작하는 건 어렵지만 일단 움직이기 시작하면 계속 구르게 하기는 쉽다. 활력을 끌어올려줄 수 있는 과업부터 시작해 여기에서 얻은 추진력을 그동안 미뤄 온 일로 재빠르게 전환해 보자. 두 과업이 서로 연관되어 있으면 더 좋다. 예컨대 그동안 헬스장에 가는 일을 미뤄 왔다면 스트레칭이나 반려견 산책부터 시작한 다음, 이러한 신체 활동에서 얻은 추진력을 이용해 조금 더 힘든 과업에 돌입하는 거다.

이 기법을 활용할 때는 지치게 하는 활동과 활기를 돋우는 활동을 구분하는 게 중요하다. 나에게 활기를 북돋워 주는 활동이 무엇인지 모른다면 일상적으로 하는 행동 전후의 활력 수준을 살피며 스스로 데이터를 모으자. TV를 시청하거나 SNS 피드를 계속 내리는 등 '쉬기' 위해 한다는 여러 활동이 사실은 우리의 에너지 양을 전혀 올려주지 않는다는 사실을 알면 놀랄지도 모르겠다. 활기를 돋우는 행위로는 걷기, 자녀나 반려동물과 놀아주기, 운동하기, 봉사활동 등이 있다. 이런 활동에서 얻은 추진력을 유지하여 곧잘 미루곤 하는 힘든 과업들을 시작하는 데 활용하자.

쉬운 일부터? 어려운 일부터?

가장 쉬운 일을 먼저 처리하면서 시작하자. 상대적으로 쉬운 일을 수행하며 최소한의 불편함을 감수하고 나면 더 어려운 일에서 오는 조금 더 큰 불편함도 감수할 만하다고 느끼게 된다. 이 방법은 식기세척기에 그릇 넣기, 우편물 확인하기, 새 칫솔 꺼내기 등 할 일 목록에서도 특히 빠르고 쉽게 끝낼 수 있는 일에 잘 통한다. 쉬운 일을 해내고 나면 여기에서 얻은 추진력을 활용해 더 어려운 일도 해결할 수 있다.

반대로 하는 방법도 있다. 가장 어려운 일을 먼저 처리하는 것이다. 대면하기 가장 까다로운 일을 해결하고 나면 목록에 있는 다른 일들은 상대적으로 수월해 보인다. 이 방법은 화장실 청소, 불편한 사람에게 전화하기, 사직서 제출하기 등 빨리 끝낼 수는 있지만 정말 하기 싫은 일에 특히 잘 통한다. 어려운 일을 해내고 나면 더 쉬운 일들도 해결할 수 있다는 자신감이 생긴다.

제한 시간을 정하자

시작을 미루며 대는 핑계 중 하나가 '그 일을 하면 다른 재미있는 일을 놓친다'라는 걱정이다. 과업을 수행하는 시간을 정해 놓으면 이러한 사고 과정을 극복할 수 있다.

시간은 각자 원하는 만큼 정해도 되지만, 중요한 건 몇 분이 되었든 간에 시간을 구체적인 숫자로 정해 놓고 지켜야 한다는 점이다. 일정한 시간 동안 무엇을 하겠다고 다짐하면 더도 말고 덜도 말고 딱 그 시간 동안만 일을 해야 한다. 가령 15분 동안 집중하겠다고 스스로 다짐했다면 자신이 그 약속을 지키리라는 확신이 있어야 한다. 제한 시간이 지난 후에도 일을 끝내지 않을 것 같다는 의심이 티끌만큼이라도 남아 있다면 아마 일을 시작하기 어려울 것이다. 이런 종류의 의심을 스쳐 지나갈 만큼 우리는 관대하지 않기 때문이다!

정한 시간 동안은 과업을 수행하겠노라 다짐하고, 미루는 대신에 하고 싶었던 활동은 과업을 마치면 하자. 변화를 만드는 데 15분은 짧다고 생각할 수 있지만, 반대로 생각하면 15분 동안 일한 만큼 진도를 나간 셈이다. 게다가 15분이라는 시간 동안 할 수 있는 일은 예상외로 굉장히 다양하다(1.5킬로미터 걷기, 책 아홉 쪽 읽기, 설거지하기 등).

딱 5분만 일하는 법

시간 엄수와 관련한 또 다른 접근법으로는 딱 5분만 일을 하는 방법이 있다. 물론 시간은 당신이 정하면 된다. 하지만 본인이 감당할 수 있는, 견딜 수 있는 양의 시간을 선택하는 게 좋다. 앞서 나온 '제한 시간 정하기' 접근법과는 달리 이 방법은 시간을 연장할 수가 있다.

가령 딱 5분 동안 과업을 수행하기로 마음먹었다고 하자. 5분 후, 당신은 같은 일을 5분 더 할지 다른 활동으로 넘어갈지 정할 수 있다. 다른 일을 하고 싶어질 때까지 5분씩 계속 연장하면 된다. 초반에는 5분이 인내할 수 있는 최대치처럼 느껴질 것이다. 하지만 이 전략을 꾸준히 반복하다 보면 어렵고 지루한 과업이라도 시간을 연장하게 될 가능성이 높다. 앞서 말했듯이 일단 공을 움직이게만 하면 그다음부터는 별 힘을 들이지 않아도 공은 쉽게 굴러간다.

'제한 시간 정하기'와 마찬가지로 이 방법 역시 자신을 속여 우선 시작하게 만들려는 속셈이 아니다. 얼마 되지 않지만 5분이라는 시간 동안 과업을 수행하겠다는 솔직한 결정을 내리고, 이후에도 5분 간격으로 과업을 지속할지 순수하게 스스로에게 선택권을 주려는 것이다.

미뤄 온 일을 시작하자

다들 '이불 킥'하게 만드는 사건 목록이 하나쯤은 있을 테다. 술 취해서 헤어진 애인에게 문자 보낸 일, 엉덩이 위에 문신 새긴 일, 너무 짧게 자른 앞머리 등.

반면 인생에는 후회하는 게 거의 불가능한 일도 있다. 산책하기, 사랑하는 사람과 많은 시간 보내기, 건강한 식사하기, 사람에게 감사하기, 재활용하기, 물 마시기, 운동하기 등 말하자면 끝도 없다. 하나 더 꼽아 보면 바로 미뤄 온 일을 시작하는 것이다.

한 번 생각해 보자. 더 빨리 끝낼걸, 시험공부를 더 열심히 할걸, 프로젝트를 더 미리 시작할걸 등 그동안 얼마나 후회했는가? 조금 돌려 말하자면, 그동안 미루기로 한 자신의 결정을 얼마나 많이 후회했는가? 아마 꽤 많이 했으리라 짐작한다. 그래서 그 습관을 바꿔 보고자 이 책을 읽고 있는 게 아닌가. 그 마음가짐을 꼭 유지하자. 그리고 시작해 보겠다는 결정을 후회할 날은 오지 않으리라는 점을 명심하자(반대로 늦게 시작하면 후회하기 쉽다). 그러면 출발선 앞에 선 장애물을 넘는 데 도움이 된다.

자, 시작은 했지만 세상에는 재미있는 일이 왜 그렇게 많은지 모르겠다. 다음 관문이 집중력 유지하기인 이유이다. 과업을 꾸준히 수행하는 데 도움이 되는 방법을 알아보자.

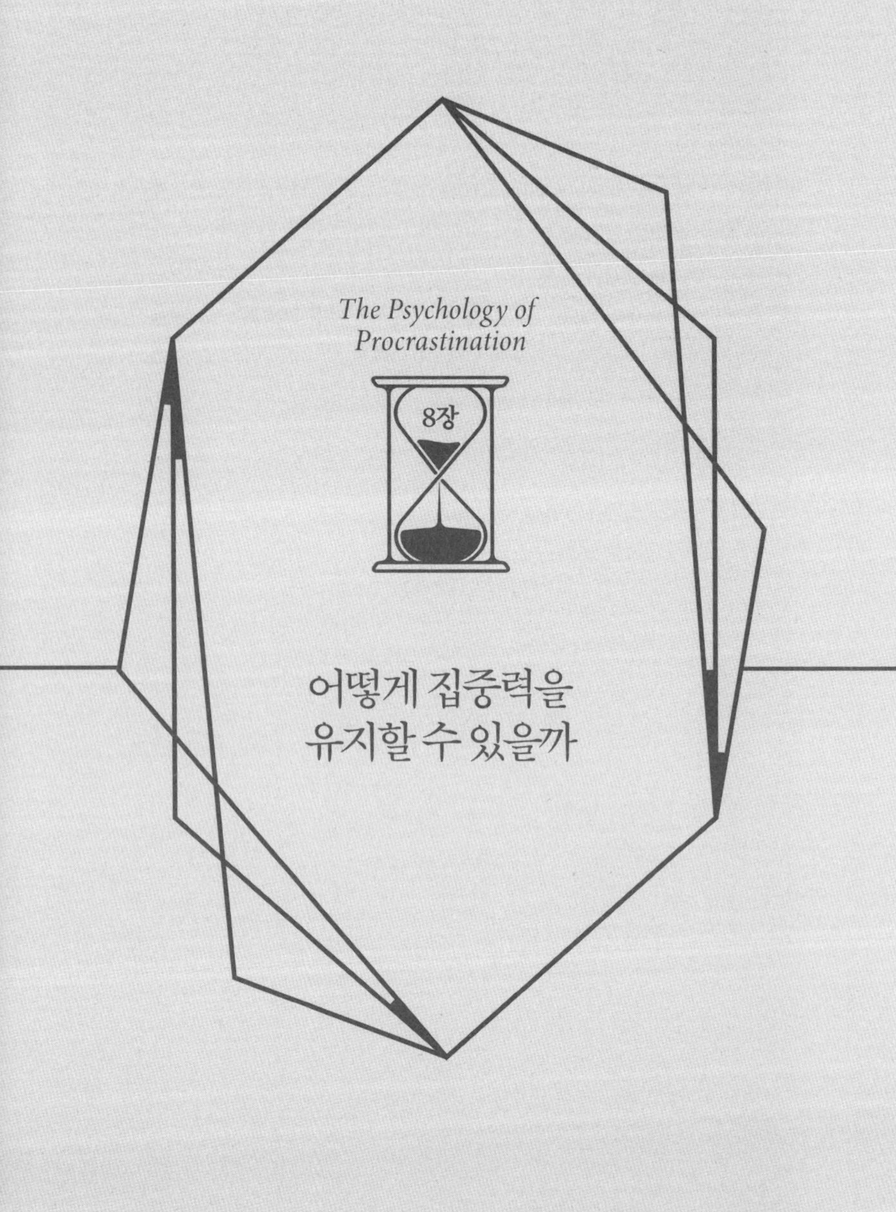

어떻게 집중력을 유지할 수 있을까

여기까지 온 당신은 우선순위 정하는 법을 배웠고, 동기를 부여하며 목표에 전념해 왔고, 목표한 과업을 수행하기 시작했다. 이제 다음 장애물을 넘을 차례다. 집중력을 유지하는 것이다. 이번 단계는 우리 여정에서 생각 외로 어려운 부분이 될 수도 있다. 동기를 얻고 일에 착수하기 위해 갖은 노력을 쏟아부었지만 우리는 여전히 유혹에 취약하다. 더욱이 어떤 이들은 더 쉽게 산만해지는 경향이 있다. 집중력을 유지하기 힘들게 만드는 원인을 알아보고, 집중력 향상에 도움이 되는 전략을 배워 보자.

집중하는 것도,
유지하는 것도 어렵다

다른 많은 일도 그렇겠지만, 그레이스가 하는 일 중에는 지루하고 따분한 문서 작업이 많았다. 그레이스는 특히 꾸준히 집중하는 것을 힘들어했다. 인터넷 브라우저 창에는 언제나 탭이 18개는 족히 열려 있었고, 각 탭은 생산성을 잃은 그 모든 시간 동안 쏟은 호기심의 대상을 보여줬다. 집중만 하면 매일 한 시간이면 끝날 문서 작업은 그녀의 일상에서 너무 많은 시간을 잡아먹었다. 서류 작업을 끝내기 위해 시간을 들이면 들일수록 그레이스는 더 피로해졌고 집중하기도 어려워졌다. 악순환의 반복이었다.

주의력이란, 적잖이 복잡한 문제지만 쉽게 설명해 보자면 관심이 쏠릴 가능성이 있는 다른 모든 대상을 무시하고 생각이나 과업, 감각 등 한 가지에 집중할 수 있는 능력이다.

집중력 저하는 거의 모든 정신 건강 문제에서 나타나는 증상이다. 우울하거나 불안할 때 두뇌에서 발생하는 변화는 집중하는 능력을 방해한다. 책을 읽거나 친구와 대화하거나, 심지어 TV 프로그램을 보는 등 다양한 활동을 훨씬 더 어렵게 만든다. 하지만 주의력과 집중력 저하는 ADHD 환자의 경우 문제가 특히 더 크다. ADHD를 겪는 사람은 쉽게 잊고, 물건을 잃어버리고, 다른 데 정신이 팔리거나 곧잘 옆길로 샌다. 그리고 이 모든 현상은 집중력을 유지하는 것을 굉장히 어렵게 만든다.

꾸준히 집중하려면

주의력이나 집중력이 뇌에 기반한 문제라고 해서 이것이 영구적이거나 약물치료로만 바꿀 수 있는 건 아니다. 아령으로 운동하며 팔 근육을 키우듯 집중력에 관여하는 뇌의 부분을 자극하면 해당 영역을 강화하는 데 도움이 된다. ADHD 등 정신 질환을 지닌 사람들도 집중력 연습을 하면 개선될 수 있다. 물론 가뭄에 콩 나듯 아령 한 번 든다고 해서 곧장 근력이 향상되는 건 아니다. 꾸준히 반복하고 운동 횟수도 점차 늘려가야 한다. 집중력도 마찬가지이다. 계속해서 도전하고, 시간이 지나면서 그 기간과 강도를 높이도록 자신을 독려하는 게 중요하다.

그런 당신의 노력을 지원하고자 이번 장에서는 집중력을 확보하고 유지할 수 있는 여러 전략을 알아볼 예정이다. 이 방법들은 집중력을 최대로 발휘할 수 있는 때를 파악하고, 과업 수행 시간을 늘릴 수 있도록 뇌를 훈련하는 방법을 배우고, 집중력 향상 능력을 점진적으로 강화하도록 도와주는 것을 목표로 한다.

하지만 시작하기 전에 미리 말해두자면, 집중력에도 기초 체력이 필요하다. 피로나 허기, 영양부족은 집중력을 저해한다. 충분히 자고, 운동하고, 건강한 음식을 섭취해 당신의 뇌가 따라올 수 있는 환경을 조성하자. 그리고 난 뒤 집중력 향상을 위한 다음의 방법들을 시도해 보자.

나는 언제 집중이 잘 될까?

집중하는 능력은 24시간 주기의 생체 리듬circadian rhythm에 따라 다르다. 생체 리듬은 수면, 식욕, 체온 등 수많은 생물학적 과정에 영향을 미친다. 여기에는 주의력도 포함된다. 대부분의 경우 한밤중과 이른 아침에 주의력이 가장 낮고, 정오 전후로 조금 나아졌다가 오후와 저녁에 가장 높다.

하지만 생체 리듬에도 개인차가 있으므로 내가 언제 가장 집중할 수 있는지 아는 게 중요하다. 자신이 아침형 인간이 아니라 생각해도 일단 아침에는 얼마나 집중할 수 있는지 살펴보자. 집중력이 최고조인 시간대는 나이가 들며 변할 수 있으므로, 대학생 때에는 아침에 집중하는 게 어려웠다 해도 지금은 다를 수 있다.

집중력 최고조 시간대를 파악했다면 가장 높은 집중력이 필요한 과업을 이때 수행하자. 독서나 공과금 납부, 새로운 취미 활동 배우기 등이 여기에 해당한다. 빨래 개기, 심부름 다녀오기, 지인들과 시간 보내기 등의 활동에는 집중력이 상대적으로 덜 필요하므로, 특히 집중하기 어려운 날 할 수 있도록 따로 빼놓자.

주변 환경을 알맞게 조성하자

알맞은 시간을 확보하는 것도 중요하지만, 집중하기에 최적의 장소를 확보하는 것 역시 중요하다. 우리 뇌는 주변 환경에 굉장히 민감하다. 이불 속으로 들어가면 잠이 오고, 놀이공원에 가면 신이 나고, 시장에만 가면 군것질이 하고 싶어지는 이유가 여기에 있다. 우리 뇌는 휴식이나 재미와 관련한 물리적 공간에 있을 때 더 쉽게 산만해지고 집중하기 싫어한다. 같은 원리로 노력과 집중이 필요한 과업과 관련한 공간에 있으면 일에 몰두하는 데 더 도움이 된다.

그러니 집중을 위한 공간을 만들자. 집에서 일이 잘되는 편이라면 홈 오피스를 구축하거나 집중할 수 있는 나만의 영역을 만들자. 집에서는 도무지 일에 집중이 안 된다면 여러 장소를 방문하여 나에게 잘 맞는 장소를 찾자. 도서관, 카페, 직장 사무실, 서점, 공원 등 모두 집중하기 좋은 장소다. 장소를 선정할 때에는 근처에 나를 유혹할 만한 것이 있지는 않은지 살피자. 가령 책을 좋아하는 사람이라면 도서관은 좋은 선택이 아닐 수도 있다. 주변 테이블에서 들리는 모든 대화에 관심이 쏠린다면 카페는 반드시 피해야 할 장소다. 사람들로 북적이는 사무실에서 일해야 한다면 사무실 한가운데보다는 벽 근처에 있는 책상으로 이동을 요청하거나, 높은 칸막이로 책상을 가리거나, 책상 위에 있는 장식물이나 잡동사니를 최소화하는 등 집중에 도움이 되도록 환경을 조성하자.

작업 공간에는 목표를 상기시켜 줄 내용을 붙여 놓는 게 좋다. 비전보드vision board(사진이나 글귀 등을 붙여 이루려는 목표를 시각화하여 정리해 놓은 판-옮긴이)를 만들거나, 접착 메모지에 목표를 써서 붙여 놓거나, 가령 내가 이 시험을 위해 열심히 공부하는 이유를 되새기도록 만드는 사진을 책상에 붙여 놓자. 학위를 취득해 부모님 집에서 독립하기, 좋은 직장에 취직하기, 가족 부양하기 등 목표는 무엇이든 될 수 있고 무엇이든 상관없다. 스스로에게 의미가 있다는 게 중요하다.

집중력을 방해하는 것을 제거하라

집중을 위한 환경을 조성할 때에는 주의를 산만하게 만들 만한 요소를 관리하는 게 절대적으로 중요하다. 사람이나 TV, 게임 등의 방해 요소가 없어야 한다는 사실은 누구나 알 것이다. 룸메이트가 옆에서 시끄럽게 게임을 하고 있다면 물리학 과제에 집중하는 일은 당연히 힘들다. 중요한 건 TV나 게임보다는 방해도가 상대적으로 낮을 것 같은 요소까지 없애는 것(혹은 멀어지는 것)이다. 반려묘나 휴대폰, 이메일, 간식 등이 이에 해당한다. 방해 요소를 제거하려면 우선 나의 주의를 분산시키는 대상부터 파악해야 한다(4장에서 이야기한 '자기인식'을 기억하는가?). 그리고 그 대상과 거리를 둘 방법을 고민해야 한다. 초반에는 다음 방법들이 도움이 될 것이다.

휴대폰, TV, 컴퓨터 등 주변의 모든 화면을 끄자. 화면에서 나오는 빛에 우리 뇌가 자극받아 결국 집중력이 흐트러질 수 있기 때문이다. 전화나 문자, 알람에 주의가 분산되지 않도록 휴대폰을 비행 모드로 설정하는 것도 좋다. 긴급한 연락을 놓칠까 걱정된다면 '방해금지' 모드로 설정하고 가족이나 애인의 연락만 수신하도록 허용해 놓으면 된다. 그리고 이들에게 자신이 지금 중요한 일에 집중하고 있으며 긴급한 용건이 있는 경우에만 연락하라고 말해 놓자.

이메일은 아주 교묘하게 방해하는 요인 중 하나다. 일하는 동안 구글 지메일Gmail은 '받은 편지함 일시 중지inbox pause' 기능을 활성화하고, 그 외에는 이메일 수신 알람을 차단하는 앱을 활용하자. 컴퓨터로 작업을 한다면 앱이나 확장 프로그램을 사용해 집중을 방해하는 웹사이트 접속을 차단할 수도 있다. 인터넷이 필요 없는 일을 한다면 쓸데없는 웹사이트에 접속해 시간을 빼앗기지 않도록 와이파이 라우터의 선을 빼거나 잠시 연결을 끊자.

딴생각이 떠오르면 메모하자

주변의 물리적인 방해 요소는 모두 없앴지만, 딴생각이 떠오르며 집중력이 분산될 가능성이 아직 남아 있다. 머릿속에 떠오르는 생각이 집중을 방해한다면 집중 시간을 늘리는 뇌 훈련 기법인 '주의산만 지연distractibility delay'을 시도해 보자.

우선 과업 수행 시간을 정한다. 15분이라고 가정해 보자. 15분 동안 과업을 수행하며 떠오르는 모든 딴생각을 종이에 적는다. 어떤 생각이나 아이디어, 나중에 해야 할 일, 무엇이든 상관없다. 예를 들어 역사시험 공부를 하던 중, 공부를 하느니 차라리 무인도에서 굶는 편이 낫겠다는 생각이 들었다. 문득 〈서바이버Survivor〉(시즌 41까지 방영된 미국의 리얼리티 쇼로, 무인도에서 마지막까지 생존한 사람이 시즌 우승자가 된다-옮긴이)의 지난 에피소드가 인터넷에 업로드되었는지 궁금해졌고, 곧 '서바이버 최고의 순간'을 검색하며 유튜브의 세계로 빨려 들어간다. 이렇듯 주의력을 분산시키는 흐름을 따라가지 말고, 질문과 아이디어, 할 일, 그 외 다른 방해 요소가 떠오르는 대로 종이에 적자. 그리고 과업을 마친 다음에 종이를 다시 살펴보자. 산만함 자체를 나중으로 미루면 지금 하고 있는 일에 집중을 유지하도록 우리 뇌를 훈련할 수 있다.

소리를 활용하자

집중력을 강화하려면 TV 등에서 나는 외부 소음을 제한해야 한다. 옆방에서 떠드는 룸메이트의 목소리나 옆집의 개 짖는 소리 등 통제할 수 없는 소리라면 노이즈 캔슬링 헤드폰을 활용하자.

방해되는 소리를 없애고 나면 이번에는 소리를 들을 차례다. 예상치 못한 소리는 집중력을 떨어뜨릴 수 있으나, 화이트 노이즈나 핑크 노이즈(집중력 향상, 마음의 안정 등에 효과가 있다고 알려진 특정 스펙트럼의 잡음으로, 아날로그 TV의 노이즈 화면에서 나는 소리와 비슷하다-옮긴이)와 같이 특정한 소리는 주의력을 강화한다는 연구 결과가 반복적으로 보고되고 있다.

또한 우리 뇌는 음악을 그 외의 소리와 다른 방식으로 처리하므로, 일할 때 좋아하는 음악을 들으면 템포와 에너지를 활용해 집중력을 높일 수 있다. 엘리베이터 음악(백화점 엘리베이터에서 나올 법한 잔잔한 배경음악-옮긴이)이나 클래식 음악 등 마음이 차분해지는 기악곡을 들으면 불안감을 낮추고, 일부 과업의 경우 집중력을 유지하는 데 도움이 될 수 있다. 어떤 과업에는 테크노나 일렉트로닉 댄스 음악EDM과 같은 하이에너지high-energy 음악(Hi-NRG라고도 쓰며, 1970~1980년대 미국에서 시작된 업템포의 디스코, 전자음악 장르-옮긴이)이 도움이 될 수 있다. 여러 종류를 들어 보며 자신에게 가장 잘 맞는 음악을 파악하자.

바이노럴 비트binaural beat도 도움이 될 수 있다. 바이노럴 비트는 청취자가 각 귀로 서로 다른 소리를 동시에 듣는 특이한 형태의 음악을 일컫는다. 그중 하나는 반대편 소리보다 음이 살짝 높아 마치 세 개의 소리를 듣는 듯한 착각이 일게 만든다. 무슨 속임수가 숨겨져 있는 게 아니냐고 생각할 수도 있다. 하지만 바이노럴 비트를 들으면 뇌가 정보를 다른 방식으로 처리하여, 일부 사람들의 경우 주의력과 집중력이 향상된다는 과학적 연구 결과도 있다. 바이노럴 비트가 어떻게, 왜, 누구에게, 어떤 상황에서 효과적으로 작용하는지는 아직 분명하게 밝혀지지 않았다. 하지만 적어도 이 음악 장르가 마음을 진정시켜준다는 사실은 증명되었다. 뇌가 차분해지면 집중력도 높아진다. 바이노럴 비트를 활용할 계획이라면 헤드폰을 착용해야 한다. 그래야 각 귀에 서로 다른 소리가 들릴 수 있기 때문이다.

쉬는 시간은 필수다

집중하는 데 쏟을 수 있는 자원의 양은 제한적이다. 일하기 시작하고 몇 분이 지나면 주의력은 떨어지기 시작한다. 잠깐 다른 일을 하다가도 다시 집중할 수는 있지만 지속 시간이 점점 짧아진다. 휴식 시간에는 우리 뇌가 집중하느라 소비한 에너지를 보충할 수 있으며, 단 몇 분만 쉬어도 다시 집중력을 찾고 유지하는 데 도움이 된다. 15분마다 3분씩 휴식 시간을 갖고, 이 사이클을 3회 반복했다면 네 번째 휴식은 15분 동안 취하자. 그리고 총 4세트로 구성된 전체 주기를 계속 반복하자. 쉬는 동안에는 뇌에 산소를 공급할 수 있는 활동을 하면 좋다. 호흡 운동, 팔 벌려 뛰기, 짧은 명상 등이 집중력 회복에 도움이 된다.

처음에는 15분 집중도 어려울 수 있다. 이 경우 과업을 더 잘게 쪼개자. 최대한 집중할 수 있는 시간이 10분일 수도 있고, 5분 내지는 1분일 수도 있다. 할 수 있는 만큼만 시작하고 휴식 시작을 짧게 가진 뒤(집중 시간의 20퍼센트 정도가 이상적이다) 다시 시작하자.

휴식 시간이 끝나면 다시 과업으로 돌아가기 힘들 수 있다. 다시 하던 일로 돌아갈 수 있도록 휴식 시간에는 타이머를 맞춰 놓자.

타이머를 적극 활용하자

타이머는 집중력 유지에 큰 도움을 준다. 앞서 언급했듯이 휴식 시간을 재기 위해 사용할 수도 있지만, 자신이 과업을 수행하고 있다는 자기인식을 높이는 데에도 활용할 수도 있다.

더욱이 일정한 간격으로 타이머가 울리면 진척도를 확인할 수가 있다. 이력서를 작성하려 컴퓨터 앞에 앉았으나 몇 분 지나지 않아 전혀 상관없는 인터넷 커뮤니티를 보고 있는 경우가 잦다면 타이머를 설정해 놓자. 알람이 울리면 다시 이력서 쓰기로 돌아와야 한다는 것을 상기하게 된다. 타이머를 활용하면 이런저런 방해요소가 하루를 차지하지 않도록 막을 수 있고, 결국 목표 달성을 위해 더 많은 시간을 할애하고 전진해 나갈 수 있다.

시간은 자신의 주의력이 떨어지는 시간 간격을 보고 결정하면 된다. 과거 경험을 바탕으로 집중력을 최대한 유지할 수 있는 시간을 기준으로 정하자. 가령 15분이라고 가정하면, 그 시간 동안 몇 분이나 일에서 손을 놓고 있었는지 되돌아보고 다음번 타이머는 시간을 더 줄여서 설정한다. 반대로 더 길게 집중할 수 있을 것 같다면 타이머 시간을 늘리면 된다. 주의할 점은 주방에서 사용하는 것 같은 구식 타이머를 사용하는 게 좋다는 거다. 직관적으로 재설정할 수 있고 휴대폰처럼 주의를 끌만한 유혹 거리도 없기 때문이다.

준비 시간이 필요하다

시작하기 전에 준비 시간을 갖자. 하려던 일을 시작하기 전에 5분에서 10분 정도 시간을 내어 주변 공간과 시간 계획을 정리하는 거다. 집중하기 좋게 주변 환경을 조성하고, 외부 방해 요소를 제거하고, 내면의 잡생각을 적을 종이를 꺼내 놓고, 화이트 노이즈나 좋아하는 음악, 바이노럴 비트를 준비하고, 주방에서 타이머를 가져오자.

그다음에 일을 처리할 방법을 계획하자. 이 일을 끝내고자 하는 목적은 무엇인가? 어떤 방법으로 마칠 것인가? 공부하려고 책상에 앉았다면, 어떤 과목을 공부할 계획이며 어떤 자료가 필요한지, 무엇을 읽거나 복습할지 정하자. 공과금 납부가 목표라면 내야 할 공과금 목록을 적자. 집 수리가 목표라면 정확한 수리 방법을 계획하고 그 과정에서 필요한 모든 것을 미리 생각하자.

몇 분만 시간을 내어 공간과 시간 계획을 정리하면 실제 과업에 착수했을 때 집중력을 유지하기가 수월하다.

지금까지 당신은 목표에 집중하고 이를 유지하는 데 도움이 되는 여러 방법을 배웠다. 집중력 유지는 미루기 극복에서 아주 중요한 부분을 차지한다. 하지만 집중력만큼이나 중요한 과제가 또 있다. 지루하고, 재미없고, 어렵고, 겁이 나는 과업을 마주하려 할 때 떠오르는 감정을 제어하는 일이다. 부정적인 감정이 들면 아무리 중요한 일이라도 회피하고 싶어지고, 결국 더 부정적인 감정을 유발한다. 그렇다면 이것을 피하지 않고 맞서려면 어떻게 해야 할까?

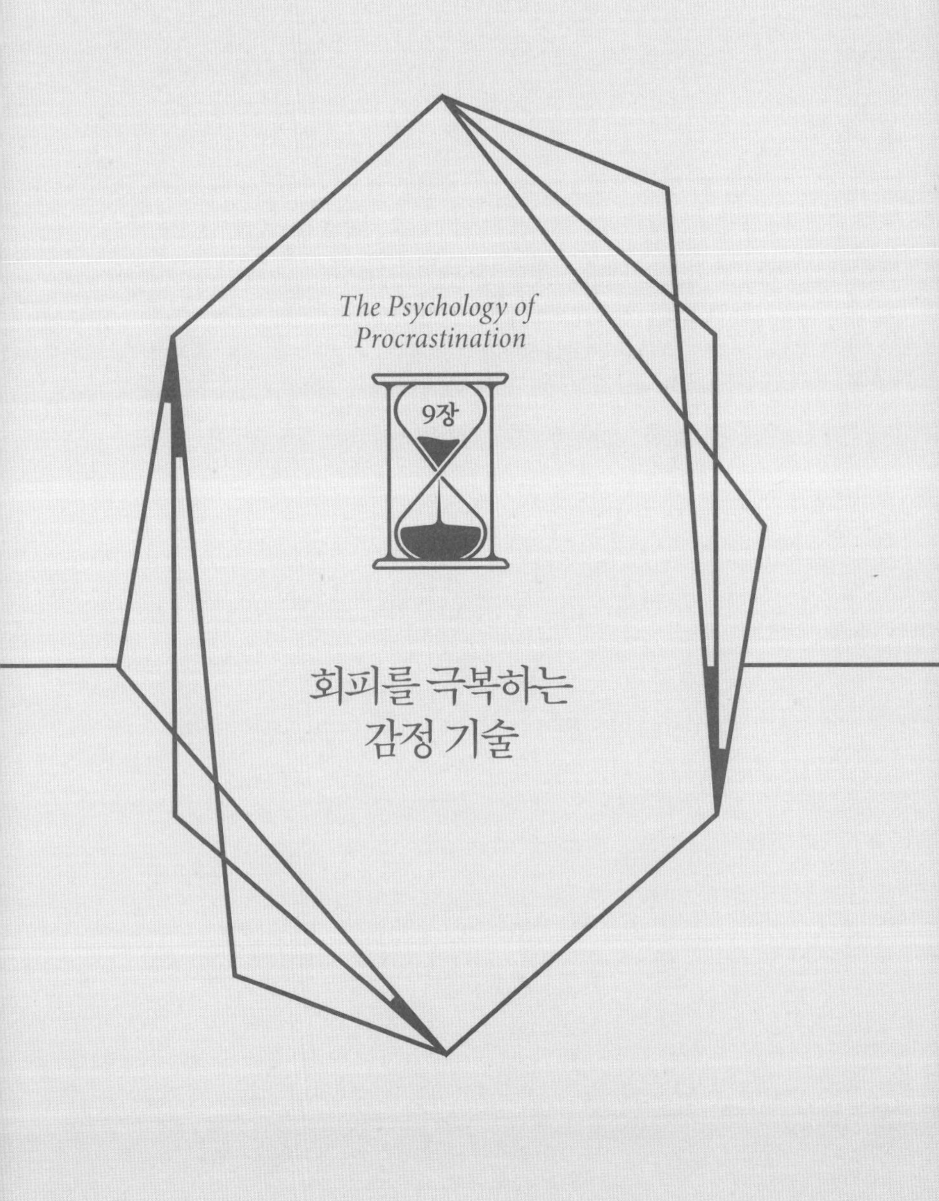

회피를 극복하는 감정 기술

지금까지 동기를 찾고 집중하는 방법을 배웠다. 하지만 과업을 정말 시작하려면 두 가지 기술이 더 필요하다. 7장에서 다룬 것처럼 행동을 하도록 돕는 행동 기술, 그리고 새로운 것을 시도할 때 떠오르는 감정을 다룰 수 있는 감정 기술이다. 감정 기술은 미루기의 큰 문제 중 하나인 회피하려는 경향을 극복하도록 도와준다. 회피의 대상은 과업이나 의사결정도 있지만, 실은 감정인 경우가 대부분이다. 당신 인생에서 회피가 어떠한 형태로 나타나든, 이번 장에서 안내하는 기법들은 더 이상 피하지 않고 목표를 향해 전진하도록 도와줄 것이다.

회피란 무엇인가

미루는 행위의 근본적인 원인은 과업이나 결정의 회피에 있다. 과업은(혹은 결정을 내리는 일은) 단조롭고, 어렵고, 불편하고, 혼란스럽고, 막연하고, 막막하기 때문이다. 즉, 불편한 감정을 일으키기 때문이다. 사실 미루기는 과업 자체를 회피한다기보다는 불편한 감정을 회피하는 것에 더 가깝다.

이러한 부정적 감정은 두 차례에 걸쳐 찾아온다. 실제로 과업을 수행할 때, 그리고 과업을 수행해야겠다고 생각할 때. 사람은 불편한 감정을 최소화하려는 경향이 있으므로 이러한 감정에 대응하는 방식으로 회피를 택하곤 한다. 예를 들어 오늘 저녁에 반려견을 씻기지 않기로 결정하면 바로 마음이 편해지고(저녁에 목욕시킬 일을 걱정할 필요가 없으므로), 저녁이 되어도 여전히 마음이 편할 거다(힘든 일을 하지 않아도 되므로).

불안장애가 있는 사람들에게서 회피는 아주 흔히 보이는 현상이다. 뇌는 우리가 두려워하는 모든 대상이 우리의 생명을 위협한다고 가정한다. 때문에 이러한 대상을 피하도록 프로그래밍되어 있다. 대상에서 멀리 떨어져 있으면 살 수 있다고 생각하는 것이다.

불안장애가 있는 사람들이 가장 많이 피하는 대상은 불확실성이다. 아무런 행동도 취하지 않고 아무것도 바꾸지 않음으로써 이들은 불확실성을 제거하고 불안감을 줄인다. 회피는 우울증에서도 흔하게 나타난다. 현재 상태를 유지하면 에너지를 아낄 수 있고, 결단을 내리지 않으면 후회할 가능성을 낮출 수 있기 때문이다.

공황발작을 자주 겪던 미아는 앞으로 일어날 발작이 두려웠다. 공황장애에 대응할 수 있는 가장 쉬운 방법을 찾던 그녀는 운동, 고객 회의 참석, 고속도로 주행 등 발작을 일으킬 계기가 될 만한 모든 종류의 활동을 피했다. 미아는 건강을 잃었고, 사업 확장 기회를 놓쳤고, 도로를 우회하느라 시간도 허비했다. 이 전략은 발작을 막는 데에는 도움이 됐을지 몰라도 결과적으로 공황장애를 극복하는 일 자체를 피한 셈이 되었다. 공황장애를 치료하려면 고속도로 주행과 같이 미아가 피했던 활동들을 해야 했다. 발작 자체는 물론이거니와 발작이 발생할 수도 있다는 두려움에 맞설 수 있어야 했다.

우유부단도 또 다른 형태의 회피다

우유부단은 독특한 형태의 회피로, 이 경우 회피의 대상은 결정을 내리는 일이다. 물론 전략적으로 신중을 기해 결정을 연기하는 때도 있다. 그 사이에 정보를 얻어 더 만족할 만한 선택을 할 수도 있고, 시간을 끌어 적극적으로 물건을 팔려는 영업 사원에게 더 좋은 할인 혜택을 얻어낼 수도 있다. 하지만 모든 정보를 얻었음에도 결정을 내리지 않는다면 이는 단순히 결정 지연행동decisional procrastination일뿐이다.

우유부단에는 회피 경향이 깊게 뿌리박혀 있다. 결정을 미루면 책임지지 않아도 되고 결정의 여파도 피할 수 있다. 게다가 '잘못된' 선택을 할 경우 겪을 수 있는 후회나 두려움도 피할 수 있다. 결정을 내리지 않는다 = 행동하지 않아도 된다 =

변하는 건 없다 = 후회도 없다. 자신의 우유부단함과 그로 인해 낭비된 시간과 기회를 후회하게 되는 경우를 제외하고 말이다.

우리는 '아직 마음을 정하지 않은 것뿐이야'라며 변명하지만, 사실 결정을 하지 않는 것nondecision도 일종의 결정이다. 남자친구와 헤어질지 아직 마음을 정하지 못했다면, 결정을 미루며 보내는 하루하루는 관계를 유지하기로 선택한 결과라고도 할 수 있다. 관계를 끝내기로 결정하지 않는 것은 관계를 유지하기로 한 결정과 같다. 우리의 목표에도 이를 적용할 수 있다. 부업을 시도할지 말지 결단을 내리지 않는 건 시작하지 않겠다는 결정이다.

불편한 감정에 대처하는 법

회피하는 버릇을 극복하려면 결국 감정을 제어하는 수밖에 없다. 미루기를 멈추고 싶다면 과업을 수행하는 과정에서 발생하는 불편한 감정에 대처하는 법, 앞으로도 있을 불편한 감정을 기꺼이 수용하는 법, 그리고 결정을 후회할지도 모르는 상황을 받아들이는 법을 배워야 한다. 아마 마지막 부분이 가장 어려울 것이다. 우리는 모든 게 완벽하길 바란다. 성공하길 바란다. 그리고 때때로 어떠한 행동도 취하지 않음으로써 실패하지 않았다는 느낌을 받기도 한다. 하지만 행동을 하지 않는 것, 즉 무행동inaction도 결국 그 자체로서 다른 형태의 실패이다. 행동하지 않으면 성공할 기회를, 적어도 교훈을 얻을 기회를 스스로 박탈하는 셈이다.

앞으로 소개할 전략들은 당신을 꼼짝 못 하게 만드는 여러 감정을 제어하여 목표를 향해 앞으로 나아가도록 도와줄 것이다.

자신에게 충분한 능력이 있다는 것

가끔은 감당할 준비가 되지 않은 고난의 날들을 지레짐작하여 과업을 피하는 때도 있다. 다이어트 시작 자체를 미루는 많은 사람의 경우가 그렇다. 다이어트 규칙을 지키지 않는 날이 올까 봐, 그래서 그동안의 수고가 물거품이 될까 봐 걱정되기 때문이다. 아직 시도조차 하지 않았는데 왜 공연히 걱정부터

하는가?

발생 가능성이 있는 어려움을 예측하고 자신의 대응 능력은 얼마나 되는지 가늠하는 방식으로 기우를 덜어 보자. 기술부터 자금, 인적 네트워크(신뢰하는 지인이나 도전하려는 부문에서 전문지식을 지닌 사람 등), 선례나 교육을 통해 얻은 지식까지 우리는 생각보다 많은 자원을 보유하고 있다. 그중에서도 가장 큰 자원은 심리적 자본psychological capital이다. 심리적 자본이란 자신이 목표에 도달하리라는 희망, 고난과 역경에서 회복할 수 있는 탄력성, 성공할 수 있다는 낙관성과 자신감을 말한다. 당신이 새로운 과업을 시도하려 할 때 예상되는 난관에 걱정부터 앞선다면 자신이 지닌 자원들을 떠올려보자. 나는 목표에 도달하기 위한 과정을 인지하고 있고, 장애물을 처리할 수 있는 회복 탄력성이 있으며, 목표를 이룰 만큼 자신을 믿는다고 스스로에게 말해주자.

자신에게 충분한 능력이 있다는 사실을 깨닫고 나면 과업을 마주할 준비가 되었음을 느끼고 회피할 가능성은 줄어들 것이다.

과업을 더 잘게 쪼개자

7장에서 우리는 과업을 쪼개 개별 요소로 나누는 법을 배웠다. 하나의 거대한 과업을 마주하면 겁이 나지만 작은 규모의 과업 여러 개는 비교적 감당하기 쉬운 느낌이 든다. 하지만 처리하기 용이할 정도의 규모로 과업을 나눈 뒤에도 부담감이 느껴진다면 과업의 규모가 아직 큰 것일 수도 있다. 일을 더 작은 단위로 쪼개자.

'집 청소'가 너무 거대하게 느껴진다면 '각 방 청소'로 나눠야 한다. '주방 청소'가 너무 부담스러우면 더 작은 단위로 나누자. '설거지하기'까지 줄였지만 여전히 부담스러운가? 그러면 '포크 한 개 닦기'로 줄이자. 할 마음이 들 때까지 쪼개면 된다.

사소할 정도로 작은 단위까지 줄인다며 스스로 다그치지는 말자. 작은 발걸음이라도 앞으로 나아가 그 지점에서 추진력을 얻기 시작하는 게 가만히 있는 것보다 낫다. 단지 포크 하나를 씻었을 뿐이지만, 조금 전과 비교했을 때 깨끗해진 포크가 하나 늘었다는 건 분명한 사실이다. 이 과정에서 힘든 감정을 처리할 수 있다는 사실을 스스로에게 증명함으로써 다음 과업을 위한 자신감도 쌓을 수 있다.

부정적인 자기대화를 줄이자

길에서 마주친 지인에게 손을 흔들었는데 상대방은 아무런 반응을 하지 않았던 경험이 있는가? 그다음 스스로에게 어떤 말을 했는가? 일상에서 벌어지는 모든 상황에 대해 자신에게 하는 설명을 자기대화self-talk라고 한다. 자기대화의 유형에 따라 우리의 기분과 상황 대처 방법이 달라진다. 자기대화가 긍정적이라면 의욕을 얻겠지만 부정적이라면 의욕이 꺾일 것이다. 가령 '나에게 화가 나서 손을 흔들지 않았나봐'라고 생각한다면 자신감을 잃고, 앞으로 길에서 친구를 마주쳐도 아는 체를 하지 않을 것이다. 하지만 '멀어서 못 봤나봐'라고 긍정적으로 생각한다면 친구에게 가까이 다가가 다시 인사를 할 수도 있다.

당신이 그동안 피해왔던 힘든 일에도 같은 방식을 적용해 보자. '못 하겠어', '이 일을 떠올리면 느껴지는 감정을 견딜 수가 없어', '할 필요 없어'라고 스스로에게 말한다면 사기가 저하되고 불안하고 화가 나 결국 일을 피하게 될 가능성이 크다. 하지만 '도전이 되겠지만 나는 어려운 일도 할 수 있어'라고 말한다면 확신, 결심, 그리고 자신감을 느낄 가능성이 크다. 고무적인 생각은 고무적인 감정으로 이어지고, 이는 우리가 어려운 과업을 시도할 수 있는 힘을 준다.

부정적인 자기대화를 한다는 사실을 눈치채면 이때 떠오르는 생각들을 글로 적어 보는 것도 도움이 된다. 적어 놓고 보면 얼마나 터무니없는 생각인지 쉽게 깨달을 수 있으며, 유익한 생각으로 대체하기에도 용이하다.

'기적 질문'에서 답을 구할 수 있다

해결 중심 단기 치료Solution-Focused Brief Therapy, SFBT에서 파생된 '기적 질문miracle question'은 결정을 내리기 힘들 때 활용할 수 있는 기법이다.

우리가 자고 있는 동안 기적이 일어나 그동안 결정을 피해 왔던 사안이 마법처럼 해결되어 있다고 상상해 보자. 우리는 잠들어 있었으므로 기적이 일어났다는 사실을 모른다. 다음

날 아침에 일어나 가장 먼저 무엇을 보고 기적이 일어났음을 알 수 있을까? 가령 어떤 학교의 법학과로 진학할지 결정하는 것을 계속 미뤄왔다고 하자. 다음 날 아침에 일어났더니 학교 상징이 붙어 있는 파자마를 입고 있으며, 침대 옆 탁자 위에는 학교에서 받은 웰컴 키트가 놓여 있고, 대학가 근처에 자취할 집을 얻어 놓은 상태이다. 이때 가장 먼저 떠오르는 학교와 지역은 어디인가?

기적 질문은 결정을 내렸다면 우리 삶이 어떻게 바뀌었을지 삶의 세세한 부분까지 상상하도록 도와준다. 상상을 통해 얻은 정보는 실제 결정에 활용할 수 있다. 상상했던 여러 삶 중 하나가 자신의 목표나 가치와 부합한다고 느끼면 그 결정이 최선일 가능성이 높다.

결정하지 않으면 어떤 결과가 찾아올까?

아무것도 결정하지 않는 행위가 우리 자신과 삶에 어떤 영향을 미치고 있는지 생각해 보자. 우리는 간혹 선택의 범위를 제한하고 싶지 않다는 이유로 결정하지 않는다. 하나의 진로를 선택하면 다른 기회를 잃지는 않을까, 데이트 상대를 정하면 더 나은 사람을 놓치는 게 아닐까 걱정한다. 물론 하나를 고르면 다른 기회를 놓치는 때도 있다. 하지만 그 하나를 고르지 않아도 기회는 제한된다.

각각의 결정이 미칠 영향을 예상해 보고, 아무것도 하지 않는, 아무것도 결정하지 않는 경우 마주할 결과를 떠올려 보자. 결정을 미루며 일주일, 한 달, 1년을 보낸 자신의 모습을 보면 어떤 느낌이 들지 자문해 보는 것도 좋다. 기다린 스스로에게 고마움을 느낄까? 아니면 진작 결정을 내리고 앞으로 나아가야 했을까?

이 질문은 당신이 회피하고 있는 과업에도 적용할 수 있다. 과업을 수행하는 것과 수행하지 않는 것의 영향을 각각 떠올려 보자. 과업을 미룬 자신에 대해 어떤 감정을 느낄까? 일을 회피한 데 고마움을 느낄까, 아니면 더 빨리 착수하여 일을 진척시켜야 했을까? 이 질문을 운동에 적용해 보면 바로 와 닿을 것이다. 운동을 하지 않으면 어떤 결과가 찾아올까? 시작해야 할까, 피해야 할까? 1년 후에도 지금과 같은 몸 상태라면 어떨까?

내 결정에 만족하자

결정을 망설이게 하는 주요 원인 중 하나는 '잘못된' 선택을 내리거나 자신의 선택에 후회하게 될 미래에 대한 두려움이다. 이에 대한 가장 좋은 해결책은 자신이 예언자가 아니며, 내가 지니고 있는 정보는 미래에 얻게 될 정보보다 적다는 사실을 받아들이는 것이다. 지금 우리가 내리는 결정은 주어진 정보를 기반으로 한 최선의 선택이다.

돌이켜보니 '다른 결정을 내리는 게 더 좋지 않았을까'라는 의심이 들 수도 있다. 하지만 한정된 정보를 가지고 충분히 고심하여 내린 결정임을 스스로 인정해주며 자기자비를 연습하자. 어려운 결정을 해야 할 경우에는 주어진 선택지에서 최종적으로 하나를 고르고, 선택한 이유를 기록해 놓자. 비슷한 상황이 오면 당시의 사고 과정을 참고할 수도 있고, 이 선택이 최선이라 판단한 이유를 떠올릴 수 있다.

스스로를 토닥일 필요도 있다

많은 경우 과업을 수행하며 드는 감정이 싫어서 과업을 회피한다. 치료 예약을 잡거나 사교 모임에 참석하는 일, 도움을 요청하는 일이 괴로움을 유발한다면 이 정서적 고통을 누그러뜨리는 데 집중해 보자. 물론 괴롭게 만드는 행위 자체를 하지 않으면 심리적 고통은 사라지겠지만, 애당초 이유가 있어서 그 일을 하려 하지 않았겠는가. 그러니 자신을 달랠 수 있는 다른 방법을 찾는 것이다. 일을 시작하기 전에 노래를 부르거나, 자신을 쓰다듬어주거나, 큰 소리로 웃거나, 아니면 가만히 미소를 지어 보자. 일을 하는 도중에 이러한 행동을 해도 좋다. 마음을 가라앉히는 음악을 틀어 놓거나, 향초를 켜거나, 핫초코나 허브차 등 마음이 차분해지는 음료를 마시며 자신을 진정시키자. 이때 유의해야 할 점은 주의를 분산시킬만한 전략은 택하지 않아야 한다는 것이다. 차분한 음악은 상관없지만, 여기에서 기타를 꺼내게 되면 미루는 습관이나 회피 경향은 계속된다.

마음의 긴장을 늦추도록 스스로 훈련하는 방법도 괴로움을 완화하는 데 도움이 된다. 이 방법은 주기적으로 훈련하는 게 가장 효과적이다. 느리고 깊게 호흡하는 법을 연습하자. 불안정한 정서를 빠르게 진정시킬 수 있고, 피하고 싶은 마음을 극복하고 일을 시작하도록 해준다.

대처 카드를 만들자

학교에서 선생님이 시험 시간에 치트 시트cheat sheet를 보며 문제를 풀어도 된다고 했던 때를 기억하는가? 종이 한 장에 생각나는 모든 것을 욱여넣기 위해 글씨를 얼마나 작고 단정하게 썼을지는 안 봐도 뻔하다. 대처 카드coping card도 치트 시트와 비슷하다. 다른 점은 공부한 내용 대신 어려운 상황에 대처하는 법을 적는다는 것이다. 빠르게 참고할 수 있는 가이드를 만들어 놓으면 과업을 포기하게끔 만드는 힘든 감정을 극복하는 데 도움이 된다.

우선 색인 카드를 꺼내자. 종이를 네 등분 하여 찢거나, 아니면 휴대폰의 노트 앱에서 새 노트를 열어도 좋다. 맨 위에는 '자기 확신이 들지 않을 경우를 위한 대처 카드'와 같이 대응하려는 상황을 적는다. 그리고 상황을 극복하는 데 활용할 만한 전략을 모두 적는다. 이 책에서 배운 전략을 써도 좋고, 인터넷 검색이나 직접 겪은 경험에서 얻은 전략도 좋다. 다음으로, 나에게 동기 부여를 해 줄 수 있는 친구나 친척, 멘토 등 도움을 구할 수 있는 사람의 명단을 적는다. 끝으로 상황을 극복하기 위해 명심할 긍정적인 것 세 가지를 적는다(감정을 피하는 대신 대면하고 싶은 이유, 영감을 부르는 인용문이나 생각, 인생에서 있었던 긍정적인 사건 등).

자신이 어떤 일이나 결단을 회피하고 있다는 사실을 알아차리면 그 이유가 감정 때문은 아닌지 검토해 보자. 그다음에 자신이 쓴 대처 카드의 전략을 활용해 불편한 감정을 처리하고 과업을 이어서 수행하자.

이번 장에서 소개한 전략들은 따라 하기 쉽지 않다. 더욱이 유쾌하지도 않다. 하지만 대단히 중요한 일이며, 미루기를 극복하고 개인적인, 직업적인 목표를 성취하려는 당신의 여정에 큰 도움이 될 것이다. 그러니 시간을 내어 과학적으로도 증명된 이 전략들을 꼭 활용해 보면 좋겠다.

명심하자. 무엇이든 연습할수록 능숙해진다. 여기에서 배운 여러 극복 방법을 당신 것으로 만들고 실천하여, 불편한 대상과 대면하고 단호히 결단하는 삶이란 얼마나 자유로운지 느껴보라.

지금까지 배운 방법을 활용해 이제 과업을 시작하는 것까지는 성공했다. 이 추진력을 유지해 끝까지 꾸준히 밀고 나갈 수 있는 방법을 다음 장에서 배워 보자.

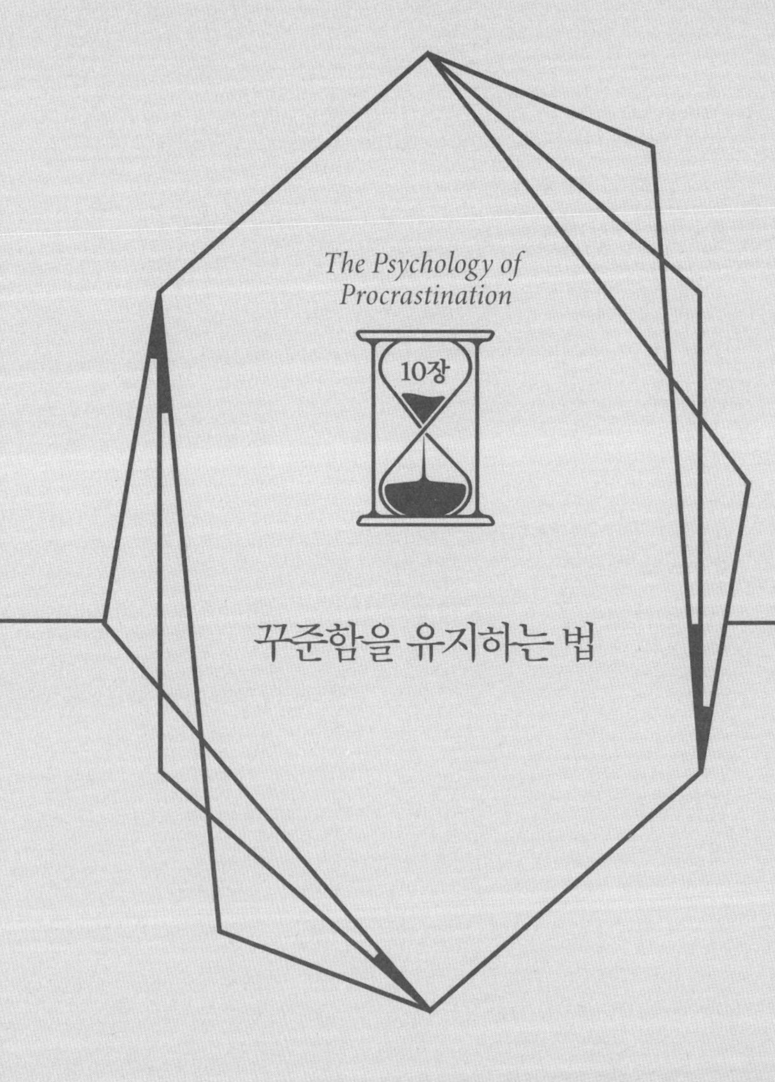

꾸준함을 유지하는 법

어렵사리 첫발을 떼는 데 성공했지만 곧 다음 난관이 기다리고 있다. 꾸준히 하는 것이다. 산만함, 건망증, 높은 장애물 등 중도에 그만두게 만들 요소는 많다. 장기 프로젝트나 여러 단계를 거쳐야 하는 과업의 경우 더욱더 그렇다. 과업에서 탈선하게 할 기회가 더 많이 찾아오기 때문이다. 꾸준히 하는 능력을 강화하기 위해 이번 장에서는 꾸준함을 유지하는 게 어려운 이유와 이를 극복할 수 있는 전략들을 알아보겠다.

시작은 했는데
끈기 있게 해내려면

꾸준함은 과업이나 활동을 완수할 때까지 끈기 있게 할 수 있는 능력이다. 매디슨은 이것 때문에 평생을 괴로워했다. 매디슨의 아파트에는 구매는 했지만 아직 설치하지 않은 선반, 반만 개켜진 옷, 오븐에는 들어가 보지도 못한 채 냉장고에 몇 주나 처박혀 있는 브라우니 반죽 등 하다 만 일들로 가득했다. 매디슨은 시작은 곧잘 하지만 이내 관심을 잃고 끝까지 마치지를 못했다.

꾸준함 문제는 특히 ADHD 환자들이 힘들어하는 부분 중 하나이다. 이들의 경우 신경학적 증상으로서 발현된 산만함이 과업을 끝낼 때까지 집중할 수 있는 능력을 저해한다. 일을 끝내기 전에 에너지가 소진되어 버리는 우울증 환자나, 자기회의self-doubt 감정에 대응하지 못하고 좋은 결과를 낼 수 없으리라는 걱정에 과업 자체를 포기해 버리는 불안장애 환자들도 같은 고충을 겪는다. 사실 우리 대부분이 해결 방법을 알 수 없는 예상치 못한 문제와 맞닥뜨리면 중도에 놓아버리고 싶다고 생각하지 않던가.

꾸준히 하는 게 어려운 이유

꾸준히 노력하는 게 어려운 이유 중 하나는 당초 과업을 완수하고자 했던 이유를 우리 뇌가 잘 기억하지 못하기 때문이다. 에너지 보존을 가장 중요시하는 뇌는 에너지 소모가 필요한 일을 그만두라며 우리를 열심히 설득한다. 어떠한 과업의 중요성을 상기한 순간 노력이나 다짐, 생산성이 폭발하듯 솟구쳤다가 이내 의욕을 잃고 오랜 시간 무기력해지는 이유가 바로 여기에 있다.

노력을 일정하게 유지하려면 (건강한 음식 섭취, 운동, 휴식 시간 갖기 등의 활동을 통해) 뇌에 에너지를 계속 공급해줘야 하며, 이 과업에 에너지를 쏟는 게 중요하다는 사실을 스스로 되새겨야 한다.

일관성을 유지하기 위한 가장 기본적인 원리는 이렇다. 큰 덩어리의 과업이나 목표를 감당할 수 있을 정도의 작은 덩어리로 쪼갠 뒤, 각 덩어리를 정해진 시간 동안 주기적으로 수행할 수 있도록 일정을 세우는 것이다. 계획과 체계는 에너지를 유지하고 나아가 노력을 유지할 수 있도록 돕는다.

이 기본 원리를 바탕으로 두고, 시작한 과업을 꾸준히 수행하고 결국 끝내도록 우리를 도와줄 다양한 과학적 전략을 알아보자.

계획부터 세우자

재료를 소진했거나 외부의 도움이 필요하거나 시간이 부족하거나 등, 예상치 못한 문제에 부딪히면 흐름이 끊긴다. 집중의 대상이 과업에서 다른 대상으로 옮겨가면 주의가 분산되고 하던 일을 멈출 가능성이 생긴다. 처음부터 끝까지 최대한 효율적으로 과업을 수행할 수 있도록 계획을 세워 이러한 가능성을 사전에 차단하자.

우선 하고 싶은 과업이 무엇인지부터 정하자. 이것이 정해지면 과업을 완수하는 데 필요한 모든 단계와 필요한 물건, 예상 시간, 도움이 필요한 부분을 고민해 보자. 페인트칠을 예로 들면 어떤 방부터 칠할 건지, 각 방에는 어떤 색을 바를 건지, 도와줄 사람을 구할 건지, 어떤 형태의 롤러나 브러시를 사용할 건지 미리 정하는 거다. 다시 고민할 필요 없도록 모든 것을 적어 놓자.

각 단계를 한 번에 계획하는 건 마치 대량 구매를 하듯 모든 의사 결정을 한 덩어리로 묶는 것과 같다. 결정을 내리는 데에는 정신적 에너지가 크게 소모된다. 때문에 우리 뇌가 정해야 할 대상의 수를 줄이면 도움이 되고 실제 프로젝트에 쏟을 에너지를 확보할 수 있다. 계획은 과업 시작 전날 밤에 하는 게 가장 효과가 좋다. 밤에 자는 동안 뇌는 의사 결정에 따른 피로에서 회복할 시간을 얻고, 우리는 아침에 충분한 에너지를 회복한 상태로 계획만 따라가면 된다.

시간을 어떻게 나눌 것인가?

계획을 세울 때는 시간 계획에 특히 주목해야 한다. 2장에서도 이야기했지만, 인간은 일을 완수하는 데 필요한 시간을 추측하는 능력이 아주 형편없다. 30분 정도 소요될 것 같은 일이라면 추가로 5분을 더 확보해 놓고 필요에 따라 적절히 조정하자. 시간이 충분해야 계획한 작업을 마칠 수 있고 꾸준함을 유지할 수 있다.

시간을 어떻게 나눌 것인지도 잘 고민해야 한다. 과업이 완수될 때까지 매일 일정한 시간을 할애할 것인가? 일관성에는 꾸준한 노력이 필요하다. 과업 초반에 시간을 더 할애하는 프론트로딩front-loading 방식을 택하면 일이 진척되면서 목적의식이 희미해질 가능성이 있다. 과업의 후반부에 노력을 쏟는 리어로딩rear-loading 방식을 택하면 작업의 질이 떨어지거나 시간이 부족한 상황에 부닥칠 수 있다. 각 접근법에는 나름의 어려움이 있으며 이것이 꾸준함을 해칠 수 있으므로, 시간 안배 문제는 계획 단계에서 미리 해결하자.

큰 덩어리의 시간을 계획에 포함하는 것도 중요하다. 어떤 일은 두 시간을 연달아 집중하는 방식이(물론 휴식 시간은 필수!)

여러 가지를 10분씩 하는 방식보다 더 효율적이다. 여러 과업을 넘나들면 우리 뇌는 집중력을 유지하기 힘들어한다. 하나의 일을 긴 시간 수행하는 게 일을 더 진척시킬 수도 있다.

문제 해결을 위한 5단계

일을 하다 보면 예상치 못한 문제에 맞닥뜨리기 마련이다. 문제를 처리하기 위해 하던 일을 잠시 멈추면 주의가 흐트러지거나, 심하면 막막함을 느낀 나머지 처리는 뒤로 미뤄 놓고 하던 일을 그만둘 수도 있다. 문제 해결을 위한 전략을 미리 구축해 놓는 게 중요한 이유다.

문제 해결에는 다섯 가지 단계가 있다. 시작은 (1)문제 파악이다. 이 단계는 별것 아닌 것처럼 보여 그냥 넘어가고 싶은 생각이 들 수도 있다. 하지만 문제가 무엇인지 파악하는 것은 예상외로 굉장히 까다롭다. 최종 목표가 욕실의 벽지를 제거하는 상황에서 원래 붙어 있던 벽지가 잘 떨어지지 않는다고 하자. 이때 문제의 원인이 벽지가 충분히 젖지 않았기 때문인지, 아니면 풀에 습기가 스며들 때까지 충분히 기다리지 않았기 때문인지 파악하는 것이 첫 번째 단계이다.

두 번째 단계는 (2)문제 해결을 위한 잠재적인 해결책을 최대한 많이 떠올려 보는 것이다. 벽에 물을 스펀지로 바를 건지, 분무기로 뿌릴 건지, 페인트 롤러를 물에 적셔 바를 건지, 아니면 아예 샤워기로 벽에 물을 뿌릴 것인지 등 최대한 여러 가지 아이디어를 떠올린다. 머릿속에 떠오르는 아이디어를 검열하지는 말자. 터무니없어 보여도 생각나는 대로 적다 보면 우리 뇌는 계속해서 새로운 것을 구상하고 결국 참신한 해결책을 떠올릴 가능성이 커진다.

세 번째 단계는 (3)확실히 효과가 없을 것 같은 아이디어를 제거하는 일이다. 앞서 구상한 여러 해결책의 장단점을 빠르게 재보고 먼저 시도해 볼 전략을 선택하자. 주변을 둘러보니 바로 옆에 스펀지가 있다. 스펀지를 이용하면 벽에 물을 충분히 묻힐 수는 있겠지만 주변을 엉망으로 만들 가능성이 있다.

네 번째는 (4)아이디어를 실행에 옮길 계획을 세우고 시도해 보는 것이다. 스펀지를 적신 뒤 벽지를 문지르는 행동이 네 번째 단계에 해당한다.

그리고 마지막 단계에서 (5)네 번째 단계의 결과를 보고 효과 여부를 판단한다. 문제가 해결되었다면 이걸로 끝! 만약 그렇지 않다면 세 번째 단계로 돌아가 다른 전략을 시도한다.

몸에 익을 때까지 이 방법을 연습하면 앞으로 어떤 문제가 생겨도 끄떡없을 것이다. 문제를 해결하는 데 자신감이 붙을수록 노력을 일관되게 유지하면서 꾸준히 해나갈 가능성도 커진다.

자신과의 대화로 난관을 극복하자

상황이 막히면 추진력을 잃는다. 과제 리포트를 작성하고 있다가 아이디어가 고갈될 수도 있고, 가전제품을 고치다가 다음에는 고칠 부분이 어디일지 감이 오지 않을 수도 있다. 상황이 막히면 불편해지고, 불편함을 느끼는 즉시 우리 뇌는 '아이디어가 떠오를 때까지 게임이나 하는 게 어때?'라며 유혹한다. 다음에 벌어질 일은 짐작하기 어렵지 않다. 밤새도록 게임을 하다 보니 절반만 끝낸 과제 제출 마감 시간은 벌써 한 시간 앞으로 다가와 있다.

이럴 때에는 자신과 대화하며 막힌 부분을 풀어 보자. 종이에 적는 것보다 소리 내어 아이디어를 떠올리는 게 쉬울 때도 있다. 과제를 작성하다가 잘 안 풀리면 지금까지 쓴 부분을 소리 내어 읽어 보고, 음성 받아쓰기 프로그램을 켜고 뒤의 내용을 말로 브레인스토밍 해보자. 받아쓰기 프로그램이 없다면 휴대폰으로 녹음한 뒤 나중에 글로 변환하면 된다. 단순히 소리 내어 이야기하는 것만으로도 추진력을 어느 정도 회복할 수도 있다.

다른 여러 상황에도 이 전략을 적용할 수 있다. 잔디 깎는 기계를 고치던 중에 문제가 생겼다면 지금까지 고친 부분은 어디인지, 잔디 깎는 기계를 수리하는 것과 관련해 자신이 아는 지식은 무엇인지 스스로에게 설명해 주자. 소리를 내어 자신과 대화하면 우리 뇌는 흩어진 정보 조각을 이어 붙여 막힌 상황을 타개할 아이디어를 떠올릴 수 있으며, 결과적으로 목표 달성에 한 걸음 더 가까워진다.

나에게 줄 선물을 정하자

우리가 미루는 과업에는 시험공부나 세금 신고, 공과금 납부, 우편물 확인 등 지루한 일이 많다. 지루함은 꾸준함을 방해하는 위험 요소이다. 재미없는 일을 하는 중에 자극적인 일이 떠오르면 주의력이 흐트러지기 십상이다. 이때 유혹에 넘어가 '이따가 하면 되지'라고 생각하게 되면 꾸준함을 유지하지 못하는 문제는 만성화된다. 지루함에서 오는 주의력 분산 문제는 과업을 완수했을 때 주어질 보상을 계획하여 해결할 수 있다.

사람마다 다르겠지만 최고의 보상이란 누군가에게는 사탕을 마음껏 먹는다거나, 전자레인지에 팝콘을 돌려먹는다거나, 영화를 한 편 결제해 본다거나, 집에서 밤새 영화를 보는 것일 수 있다. 비싼 커피 한 잔을 사 마시는 일이 될 수도 있고, 향초를 켜 놓고 욕조에 몸을 담근 채로 잡지를 읽는 일이 될 수도 있다. 보상받는다는 느낌을 주는 한 행위 자체는 중요하지 않다. 좋아하는 대상에 대한 기대감은 우리가 지겹고 불편한 일도 해 나갈 수 있게 해주는 원동력이다.

책임 파트너를 정하자

책임 파트너accountability partner란 주기적으로 연락을 취하며 목표를 향한 나의 의지를 유지할 수 있도록 도와주는 조력자이다. 책임 파트너가 매주 연락해 주간 점검을 하리라는 것을 알면 포기하거나 회피하려는 유혹이 생길 때에도 꾸준히 진도를 나가게 된다. 또한 책임 파트너는 힘든 순간에도 동기를 유지하고 꾸준히 나아가 목표한 바를 달성할 수 있도록 우리를 북돋아 준다.

책임 파트너를 선정하고 협업할 때 주의해야 할 점은 나를 꾸준히 살펴주고, 내가 과업에 집중하지 않을 때에는 쓴소리도 해주는 믿을 만한 사람을 선택해야 한다는 것이다. 파트너와 의논하여 구체적인 목표를 설정하고 과업을 꾸준히 하거나 목표를 이루었을 때의 적정한 보상을 정하자. 동의하에 서로 주기적으로 연락해 상황을 공유하고 간간이 목표와 진척 상황을 검토하며 진로에서 벗어나 있지는 않은지 확인하자.

중간 목표를 설정하자

새로운 언어나 악기를 배우는 등, 며칠, 몇 주, 몇 달, 몇 년이 걸리는 장기 목표를 향해 꾸준히 걸어가는 일은 특히 더 어렵다. 더 가까운 목표나 긴급한 일에 매진하면서 기존의 목표에서 멀어질 수도 있다. 중간 목표를 설정하면 오랜 시간이 걸리는 목표를 따라가는 게 더 쉬워진다.

가령 피아노를 배우고 있다면 정해진 날짜까지 모차르트의 곡 하나를 완성하는 거다. 중간 목표를 정하면 거대한 목표에서 오는 압박감을 줄일 수 있다. 또한 목표의 규모를 줄임으로써 이 장기 프로젝트는 감당할 만하다는 느낌을 들게 한다.

중간 목표의 빈도는 높을수록 좋다. 책을 집필하고 있다면 매일 쓸 분량을 정하자. 친구들과 연락을 유지하고 싶다면 일주일 동안 얼마나 연락을 취할 건지 주간 목표를 정하자. 은퇴자금 모으기처럼 규모가 큰 목표라면 월간 저축 목표를 정하자. 이렇게 중간 목표를 설정하고 주기적으로 진도를 살피면 최종 목표 완수까지 꾸준함을 유지하는 데 도움이 된다.

"이만하면 됐다"

완벽주의도 꾸준함을 방해하는 주요 원인 중 하나이다. 우리는 목표를 설정한 것 자체에 신이 나 일단 시작은 하지만 이

내 '실수를 하지는 않을까', '열심히 할 수 있을까'라며 걱정하기 시작한다. 의심은 불안을 낳고, 우리는 과업에서 손을 놓음으로써 불안을 회피한다. 일단 한 번 손을 놓으면 다시 시작하는 건 물론이고 꾸준히 해 나가기가 무척 어려워진다.

완벽을 향한 추구는 선택사항일 뿐이다. 반드시 필요한 것도, 더 나은 것도, 유리한 것도 아니다. 완벽을 원하는 자신의 내면과 마주하고 "이만하면 됐다"라고 말해 보자. 이 말에는 다소 부정적인 뉘앙스가 내포되어 있는 듯하다. 마치 "이 정도로는 안 돼"라고 하는 것처럼 말이다. '게으름' 혹은 '불충분함'과 동일시해 온 듯도 하다. 하지만 '이만하면 됐다'는 건 말 그대로 '됐다'는 뜻이다.

'이만하면 됐다'의 기준은 과업에 따라 다르다. 세금을 처리하는 회계사나 관상동맥 우회술을 하는 외과의의 '이만하면 됐다'는 완벽해야 한다. 하지만 아이의 세 살 생일 케이크를 굽거나 운동을 하거나 울타리를 고치고 있다면 그 기준은 각기 다를 테다.

자신이 이루려는 과업에서 무엇이 반드시 필요한 일인지, 더 나은 일인지, 유리한 일인지를 따져 보자. 그리고 완벽이란 허상에 불과하다는 사실을 꼭 명심하자. 실체 없는 대상을 좇

다가 목표를 향해 나아가던 진로에서 벗어나지 않도록 주의하자.

꾸준히 노력하는 법까지 배워 보았으니 이제 마지막 퍼즐 조각을 맞출 차례다. 바로 과업을 마치는 일이다. 성공의 결과로 돌아올 책임, 압박, 기대를 두려워하는 사람이라면 이 단계를 특히 더 어렵게 느낄 수도 있다. 하지만 당신은 지금까지 너무나 잘 해왔다. 이제 결승선만 넘으면 된다. 마지막으로, 시작한 일을 끝낼 수 있는 방법을 알아보자.

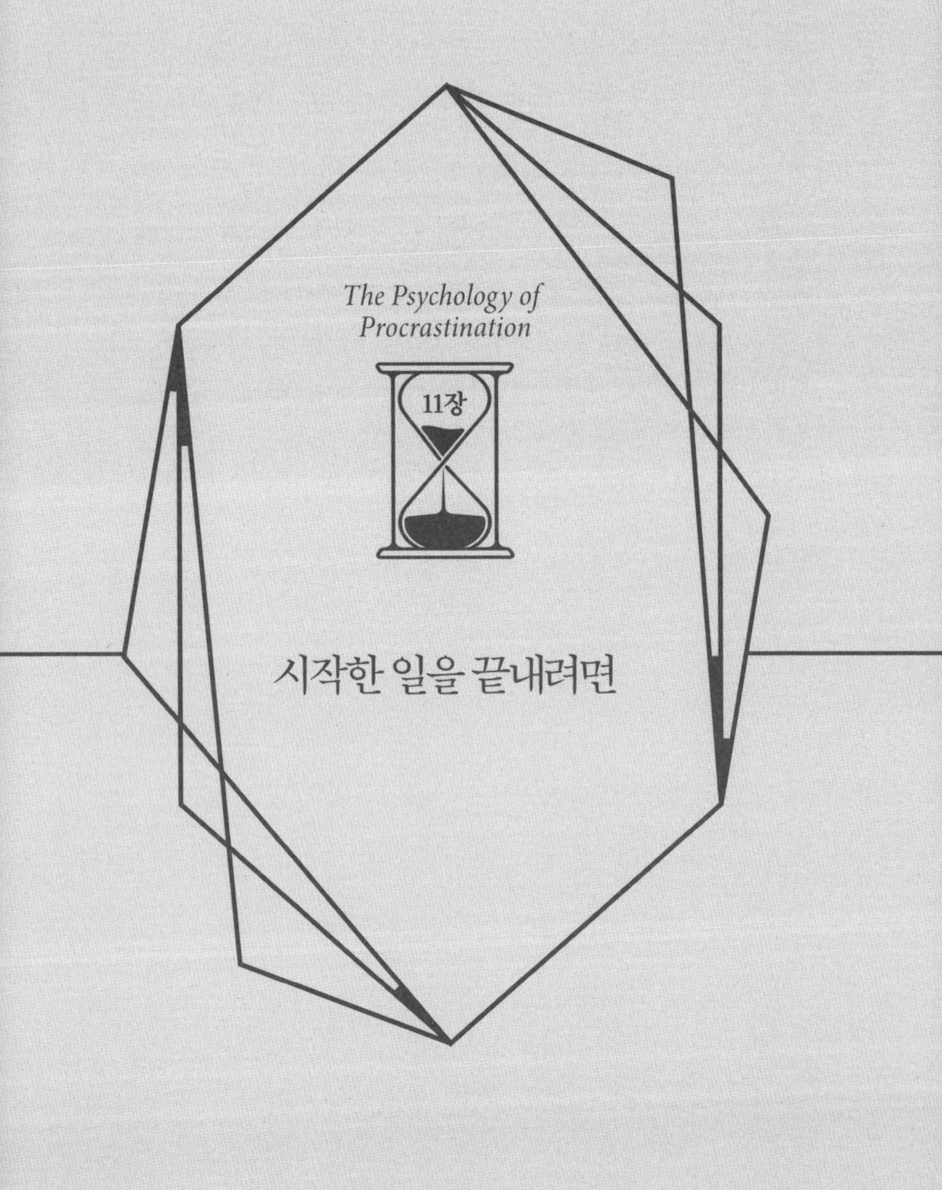

The Psychology of Procrastination

11장

시작한 일을 끝내려면

미루는 습관에서는 시작하는 것만큼 끝내기도 어렵다. 10장은 결승선에 도달하는 것을 방해하는 산만함 등의 요소를 처리하는 데 주력했다면, 이번 장은 결승선을 실제로 통과하는 데 주목한다. 이를 위해서는 최종적인 성공을 방해하는 감정과 사고를 통제해야 한다. 프로젝트의 끝에 다다랐다는 것은 그동안 부단히 노력했으며 목표에 집중해 왔다는 의미이다. 하지만 간혹 두려움이라는 감정이 끝맺음을 방해한다. 마지막 장에서는 우리 내면의 두려움을 자세히 들여다보고, 실패와 성공에 대한 두려움을 극복할 수 있는 과학적 전략들을 알아보겠다.

누구에게나 결승선을 넘는 건 어렵다

결승선을 넘는 건 누구에게나 어려운 일이다. 목표 달성에 가까워지면서 완벽을 기해야 할 것 같은 느낌이 들기도 하는데 이는 실패에 대한 두려움과 관련이 있다('실수하면 거부당할 거야'). 가면 증후군을 겪는 사람은 성공을 두려워할 가능성이 있다('성공하면 내가 사기꾼인 게 들통날 거야'). 프로젝트를 완성하는 건 우울증이나('이걸 제대로 끝내면 사람들의 기대치는 더 높아질 거야') ADHD 환자('이번에 성공해도 다음 단계로 넘어가기에 나는 체계적이지 않아/집중력이 부족해/의욕이 없어')에게도 어려운 일일 수 있다. 이와 같은 가정에서 공통으로 발견되는 점이 있다. 바로 자기제한 신념self-limiting belief이다. 자기제한 신념은 자신의 잠재력이 발휘되는 것을 방해하는 생각이나 가정이다.

20대 초반의 제이컵은 건강 마니아였다. 잘 먹었고, 열심히 운동했으며, 자신의 몸에 그 어느 때보다 자신 있었다. 많은 사람들이 그가 성취한 것을 칭찬했지만, 정작 가장 친한 친구들과 가족은 그가 피자 파티에 샐러드를 가져오거나 피크닉 대신 5킬로미터 달리기 대회에 참석하는 것을 두고 놀렸다. 결국, 제이컵은 소외감을 느꼈고 우울함에 빠졌다. 이후 10년 동안 제이컵의 체중은 다시 늘었다. 그 사이에도 그는 드문드문 다이어트와 건강식을 시도했지만 곧 그만두었다. 치료 과정에서 제이컵은 건강 목표를 다시 이루면 친구와 가족에게 소외당할까 봐 두려워하고 있다는 사실을 깨달았다. 받아들여지지 않는다는 두려움이 그의 목표 달성을 막고 있었던 것이다.

성공에 대한 두려움, 실패에 대한 두려움

대부분의 사람은 실패를 두려워한다. 다들 무언가에 실패할 게 너무 뻔해 보여 시도조차 하지 않은 경험이 있을 것이다.

실패를 두려워하는 건 당연하지만, 이것이 성공으로 향하는 길목을 막거나, 개인적인 혹은 직업적인 목표 달성을 방해하거나, 열심히 노력해 온 과업의 마무리를 막는다면 문제가 된다. 아무리 열심히 한다 한들 이 프로젝트는 자신이 세운 기준을 맞추지 못하리라 생각하는 사람도 있다. 이 경우 최대한 오래도록 프로젝트를 무시하면서 불완전한 결과물을 개인적 무능함이 아니라 부족한 시간 탓으로 돌린다.

실패에 대한 두려움은 사실 거절당하는 것에 대한 두려움, 적어도 받아들여지지 않는 것에 대한 두려움에 기반한다. 우리는 자기 수용과 사회적 수용을 완벽함과 동일시하며, 나의 과업이 쓸 만하지 않으면 나도 쓸 만하지 않다고 여긴다.

실패에 대한 두려움과 달리 성공에 두려움을 느끼는 이유는 상대적으로 이해하기 어려울 수 있다. 실제로 성공을 두려워하는 사람들도 정확한 이유를 모른다! 성공을 두려워하는 이유는 흔히 성공 자체보다는 그다음에 따라올 것이 두렵기 때문이다. 성공하면 스스로에 대한 기대치, 혹은 나를 향한 타인의 기대치가 높아지리라 생각하는 것이다. 그렇게 지속적으로 쌓이는 압박감은 두려움으로 변한다.

성공에 대한 두려움은 미래의 불확실성에서 오기도 한다.

대학 졸업을 두려워하는 사람도 있다. 졸업 후에는 일을 하며 경력을 쌓아야 하기 때문이다. 이는 자기제한 신념이 있는 사람에게는 커다란 압박으로 다가올 수 있다. 학교에서 좋은 성적을 얻은 자녀가 부모에게 비웃음당하거나 승진한 후 동료 직원들에게 따돌림당하는 등, 성공했기 때문에 부정적인 결과를 경험한 사람이 실제로 있다. 크게 보면 성공은, 비록 그것이 좋은 방향이라 하더라도, 변화를 의미한다. 변화는 불확실성을 야기하고, 불확실성에는 불안이 따른다. 우리 모두 피하고 싶어 하는 바로 그것 말이다.

결승선을 넘으려면 자기제한 신념에 맞서야 한다. 이 과정에서 다음의 전략들을 활용해 보자.

나에게도 관대해지자

자기자비에는 다정함을 통한 고통의 완화도 포함된다. '고통'은 트라우마처럼 내면 깊은 곳에서 발생하는 경험이나, 실수를 하는 등 일반적인 상황에서도 겪는다. 고통은 인간으로서 지극히 자연스러운 경험이다. 모두가 고통을 느낀다. 즉 모두가 자기자비의 도움이 필요하다는 의미다. 연구에 따르면 (비판적이지 않고) 관대한 태도로 스스로와 대화하면 부정적인 기분은 줄어들고 동기가 높아진다.

실패에 대한 두려움은 '난 제대로 못 할 게 분명해', '지금 그냥 포기하는 게 낫겠다', '어차피 안 될 건데 시도하는 게 무슨 소용이야'처럼 자기비판의 형태로 나타날 수도 있다. 성공에 대한 두려움은 '난 승진할 정도로 유능한 사람이 아닌데', '난 결국 지금의 성공 흐름을 이어가지 못할 거야', '내가 이 일을 제대로 모른다는 사실을 사람들이 곧 눈치챌 거야' 등 자기회의의 형태로 나타난다.

위와 같은 생각이 들 때, 만약 당신이 아끼는 사람이 비슷한 상황에 처해 있다면 어떤 조언을 건넬지 떠올리자. 목표 달성을 눈앞에 두고 있는 친구가 스스로의 가치를 의심하고 있으며 당신은 친구를 북돋워 주고 싶다. 조언의 내용도 중요하지만, 특히 말을 전달하는 방식을 떠올려 보자. 어떤 어휘를 선택할 것인가? 어떤 조언을 해주고 싶은가? 말할 때의 목소리 톤과 표정, 몸짓은 어떻게 할 것인가? 친구에게 말하는 방식처럼 자신에게도 다정하게 말할 수 있다면 문제 해결에 도움이 될 수 있으며 다시 결승선을 향해 전진할 수 있다.

자기 비판적인 사고를 비판하자

자기 비판적인 사고는 헐뜯거나('난 정말 멍청해') 상황에 전혀 도움이 되지 않는 험담하는 형태('난 너무 부족해', '아무도 날 좋아하지 않아', '난 못 할 거야')로 나타난다. 우리를 의기소침하게 만드는 생각은 목표를 향해 나아가는 것을 방해한다. 이렇듯 자기 비판적인 생각이 들면 우선 이들의 진위를 확인하고, 지금 상황에서 떠올릴 수 있는 서로 다른 두 가지 생각이나 의견, 반응을 상상해 보자.

가령 당신은 지금부터 건강한 생활 습관을 형성하려 한다. 자기 비판적 자아는 '늘 그렇듯 3주 정도 하다가 그만두겠지'라고 말한다. 이번에는 자기 비판적 자아와 다른 의견을 떠올려 보자. '난 처음부터 완벽히 해낼 거야', '장애물도 있겠지만 언니에게 격려해달라고 하거나, 필요하면 도움을 받으면 돼', '헬스장에 못 가거나 건강한 식단을 챙기지 못하는 날도 있겠지만, 그 역시 여정의 일부라는 점을 기억하자'.

자기 비판적 자아와 반대되는 생각이 모두 현실적이거나 사실일 필요는 없다. 핵심은 머릿속에 즉각 떠오르는 부정적인 사고 말고도 이 상황을 받아들일 방법은 많다는 것을 우리 뇌에 보여주는 것이다. 이때 나에게 실제로 도움이 될 만한 생각을 떠올리면 더 좋다. 그리고 그 생각을 명심하며 결승선을 통과하자.

실패한다는 증거, 있어?

실패할 것 같아 두렵다면 그 믿음을 뒷받침하는 근거는 있는지 살펴보자. 그간 미뤄 온 학교 과제가 있다고 하자. 그래서 매우 불안하고, 과제를 해서 낸다 해도 결과는 나쁠 것 같다. 과거에도 마감 기한이 코앞에 닥쳐서야 과제를 완성한 적이 있었고, 과제를 망친 이유는 자신의 능력 탓이 아니라 시간이 부족했기 때문이라고 자기 합리화를 한 적이 있다. 이러한 생각을 두고 이제 이를 뒷받침하는 근거가 있는지 살펴보자.

우선 미래의 실패를 뒷받침하는 근거를 찾자. 최근에 수업 자료를 완전히 이해하기 어려웠던 적이 있었고, 교수님이 이 프로젝트에서 기대하는 바가 무엇인지 정확히 파악하기 어렵다. 이제 실패하지 않을 것임을 뒷받침하는 근거를 찾자. 지금까지 프로젝트에 실패한 적이 없으며, 프로젝트와 관련한 아이디어도 몇 개 있고, 이번 주 오피스 아워에 교수실을 방문하면 추가 정보도 얻을 수 있다.

근거가 있는 두려움인 경우도 더러 있다. 두려움을 유발하게 만든 과거의 경험이 있을 수도 있고, 타당한 이유로 인해 두려워하는 일이 실제 벌어질 가능성이 있을 수도 있다. 하지만 이에 상반되는 근거도 있다는 사실을 기억하는 게 중요하다. 두려움이 속삭이는 것을 반증할 수 있는 과거의 경험이 있을 수도 있다. 더욱이 발생할 가능성이 있는 것과 발생할 확률이 높은 것은 다르다. 모든 증거를 펼쳐놓고 검토하자. 이 방식으로 당신은 두려움이 사실인 것처럼 행동할 것인지 아니면 두려움을 정면으로 마주할 것인지, 균형 잡히고 믿을 수 있는 평가를 할 수 있다.

여러 상황에 대처하는 내 모습을 그려보자

성공에 대한 두려움, 실패에 대한 두려움이 과업이나 프로젝트, 목표의 완수를 방해하고 있다면 어떤 이미지들이 머릿속을 스쳐 지나갈지도 모르겠다. 면접 자리에서 얼어붙은 자신의 모습, 해고당하는 모습, 반 친구들에게 비웃음당하는 모습 등의 이미지 말이다. 이런 장면들이 떠오르지 않았다면, 목표를 이뤘을 때 자신이 두려워하는 상황이 발생하는 모습을 한번 상상해 보자.

이제 두려워하는 결과에 대처하는 자신의 모습을 그려 보자. 면접장에서 얼어붙으면 어떤 식으로 대처할 것인가? 얼은 채로 꼼짝 않고 앉아 있다가 굳어있는 나를 구조대가 휠체어에 싣고 나가기만을 기다릴 건가? 그럴 사람은 거의 없을 거다. 당신이라면 이 상황을 어떻게 대처하겠는가? 면접관에게 질문을 다시 들려달라고 할 수도 있고, 잠시 쉬는 시간을 요청하거나 농담을 던질 수도 있다. 아니면 면접관 중 한 명이 물이 필요하지는 않은지 역으로 물어볼 수도 있다. 그리고 이렇게 상황에 대처하기 시작한 뒤에 어떤 일이 벌어질지 생각해 보자. 스스로 성공이나 실패에 대응하는 모습을 그려 보면 자신이 스트레스 요인을 다루는 데 생각보다 능숙하다는 사실을 알 수 있다.

성공하면 나에게 무엇이 좋을까

성공이 100퍼센트 긍정적인 것만은 아니다. 무언가를 성취하면 기대치가 높아지는 만큼 문제도 생긴다. 성공한 뒤에 무엇이 올지 알 수 없는 불확실성에 결승선을 넘지 못할 때도 있다. 만약 그렇다면 지금껏 성공을 통해 얻은 것을 쭉 적어 보자. 새로운 기술을 배웠을 수도 있고, 조언해주거나 새로운 시도를 지원해 주는 사람을 만났을 수도 있다. 자신이 역경을 극복할 수 있는 사람이라는 자신감을 얻었을 수도 있다(즉, 9장에서 언급했던 심리적 자본을 얻은 것이다).

목록을 작성하며 성공이 나에게 미칠 영향을 예측해 보자. '만약 이랬다면'을 반복하며 지난 일을 후회하거나 반대의 결과를 추측하지 않아도 되고, 정체되어 있는 대신 전진하는 감각을 키울 수 있으며, 개인적인 불안감을 극복할 수도 있을 것이다. 그리고 이렇게 정리한 '성공의 긍정적 측면' 목록을 성공에 대한 걱정이나 두려움과 놓고 비교해 보자. 어떤 결과가 당신이 그리는 목표에 어울리는가? 의심과 두려움에 사로잡혀 스스로를 막을 것인가? 아니면 도전을 이어 나가 자신감과 용기를 얻겠는가?

기한을 역으로 이용하자

보통 '기한'이 무엇인지는 알지만, '역기한reverse deadline'은 아마 들어본 적이 없을 것이다. 역기한이란 내가 그만두기 전까지 집중할 수 있는 시간을 의미한다.

컴퓨터 프로그래밍 언어를 배우고 싶지만, 능숙해지지 못할 것 같은 좌절감이나 두려움으로 인해 시작하지 못하고 있다고 가정해 보자. 이때 하루에 30분, 일주일에 1시간 등 코딩을 연습하는 데 자신이 최대한 집중할 수 있는 시간을 역기한으로 설정한다. 역기한을 활용하면 두려움에 마비되어 있는 대신 목표를 향해 움직일 수 있으며, 동시에 목표한 과업이 조금 더 할 만해 보인다. 새로운 기술을 반년이나 1년 동안 배워 보겠다고 다짐하는 방식으로 조금 다르게 적용할 수도 있다. '나는 해도 안 될 거야'라는 생각을 하기 전에 스스로에게 실제로 기술을 배울 기회를 제공하는 것이다.

결국 최종 목표에 연결되어 있다

개별적인 과업에서 오는 스트레스가 쌓이면 일의 중요도를 간과하기 쉽다. 통상적으로 우리가 하는 모든 과업과 활동, 프로젝트는 더 큰 목표를 달성하기 위한 과정의 일부이다. 물리학 과제는 학위 취득이라는 더 큰 목표와 연관되어 있으며, 이는 다시 자립이라는 훨씬 큰 목표로 이어진다. 가장 최종적인 목표를 상기하면 앞을 가로막고 있던 두려움을 뛰어넘기 위해 몸을 일으키기가 더 쉽다.

과업 완수가 중요한 이유 세 가지를 적어 보자. 그리고 과업을 중단하는 것이 당신의 인생 목표에 미칠 영향을 떠올리자. 물리학 과제를 하면 (1)시험공부에 도움이 되고, (2)의과대학원 진학에 유리하며, (3)나는 어려운 일도 할 수 있다는 사실을 스스로에게 보여줄 수 있다. 이 방법을 꾸준히 연습하다 보면 과업을 포기할 경우 지금 앉은 자리에서 옴짝달싹 못하겠지만, 꾸준히 하면 목표에 더 가까워진다는 당연한 사실을 새삼 깨닫기도 한다. 그리고 이 깨달음이 끝맺음에 필요한 1그램의 동기가 될 수도 있다.

긍정확언을 활용하자

긍정확언positive affirmation이란 격려하도록 만들어진 표현이나 만트라(기도나 명상을 하며 외는 주문-옮긴이)를 뜻한다. 연구에 따르면 긍정확언은 자신감을 고취시킨다. 당신이 가지고 있는 의심을 해소하고 격려해주는 확언을 하나 정하자. 예를 들어 실패가 두렵다면 '완료가 완벽보다 낫다', '실행이 완벽보다 낫다', '도전은 성장의 기회다'와 같은 확언을 고른다.

성공에 대한 두려움이 앞을 막고 있다면 '행동하면 목표에 더 가까워진다', '나에게는 문제를 해결할 역량이 충분히 있다', '난 준비되어 있다' 등의 확언에서 도움을 받을 수 있다. 영감을 부르는 인용문이나 경전의 문구, 멘토의 조언 등은 긍정확언을 얻을 수 있는 훌륭한 원천이다. 대처 카드(9장 204쪽 참고)에 좋아하는 만트라를 적어 두어도 좋다.

잊지 말자. 두려움은 감정에 불과하다. 감정은 우리 앞을 막아설 수 없다.

시간과 노력을 들여 과업에 착수하고 꾸준히 집중하는 데 성공했다면 '완료' 도장을 그 위에 꾹 찍어 주자. 이번 장에서 안내한 전략들은 시작한 것을 끝내면서도 힘들었던 일에 대한 보상을 받도록 도와준다. 자기제한 신념이 당신을 방해하지 않도록 지금까지 배운 전략을 적극적으로 활용하라. 당신은 벌써 결승선을 넘었고, 이제 이 책의 마지막 부분만을 남겨두고 있다. 이제 매듭을 지어 보자.

미루기로 고통받지 않는 삶

진심으로 축하한다! 당신은 이 책을 완독했다. 이건 정말 놀라운 성과다! 당신은 엄청난 노력을 들여, 미루기를 유발하는 원인과 자신을 고통스럽게 만드는 미루기의 유형, 자신에게 가장 알맞은 전략을 익혔다. 그리고 미루기 극복에서 가장 중요한 두 가지가 감정과 동기라는 점도 배웠다.

과업을 해야 한다는 생각은 너무나 끔찍해서 이 불편한 감정을 덜기 위해 우리는 일을 미룬다. 하지만 문제는 감정 자체가 아니라 우리가 여기에 반응하며 취하는 행동이다. 걱정과 불안, 권태와 좌절은 해롭지 않다. 그저 불편할 뿐이다. 불편한 감정에 대응하기 위해 건강한 전략을 택하는 과정은 미루기 극복에서 가장 중요한 부분이다. 스트레스를 주고 불편하게 만드는 대상을 회피하지 않고 맞선다면, 그동안 우리의 성공을 방해해 온 자기제한 신념과 행동을 이겨낼 수 있다.

우리는 실행에 옮기려면 동기가 필요하다며 스스로를 방해한다. 하지만 과거 경험에 비춰봤을 때 이는 사실이 아님을 알 수 있다. 귀걸이를 빼고, 여행 가방을 풀고, 매일 회사에 출근하는 등 동기 없이도 할 수 있는 일이 얼마나 많은가. 동기를 부르는 건 행동이다. 그 반대가 아니다. 그러니 다짐해 보자. 할 마음이 들지 않아도, 기운이 안 나도, 내키지 않아도, 어쨌든 일어서서 노력할 것이라고. 일단 몸을 움직여 시작하면 성공은 따라온다. 추진력은 동기보다 더 강력한 기제이다. 그러니 행동에 집중하자.

성장이나 자기계발을 위해 책을 읽는 사람들이 저지르는 중대한 실수 중 하나가 읽기만 하고 끝낸다는 점이다. 하지만 이 책의 끝은 곧 미루기 극복이라는 여정의 시작임을 명심하길 바란다. 당신은 필요한 모든 내용을 학습했다. 이제 실행에 옮길 차례이다. 여기가 책의 내용만큼이나 중요한 부분이다. 실천하지 않으면 지금껏 쏟아온 노력이 허사로 돌아간다.

미루기를 극복한 이후의 삶에 대한 불확실성 때문에 실천을 망설이는 사람이 있을 수도 있다. 하지만 앞으로도 '생산적인' 프로젝트에 늘 치이며 재미라고는 전혀 모르고 지루하게 돌아가는 톱니바퀴처럼 살 텐가? 잠시만 시간을 내어 미루기로 고통받지 않는 자신의 삶을 상상해 보자. 어떤 기회가 찾아올까? 여가 시간은 어떻게 확보할까? 변화를 어떻게 받아들일 것인가? 곰곰이 생각해 보고 불확실성에서 오는 두려움이 성공의 기회를 박탈하지 않도록 하자.

이 책을 끝까지 읽고 싶은 이유를 적었던 것, 기억하는가? 지금 다시 확인해 보자. 당신이 계속해서 집중해야 하는 이유가 바로 그 목록에 있는 내용에 있다. 이 책에서 배운 전략을 그저 과업을 완수하는 데에만 사용하지 말고, 미루는 습관 자체를 극복하여 꾸준히 수행하고 결승선을 넘기 위해 활용하라. 이 책을 읽은 지금이 바로 기회다. 당신은 스스로 결정하고, 힘든 선택을 내리고, 자신이 정한 목표를 달성하기 위해 어려운 일도 해낼 수 있다. 당신은 할 수 있다.

〈워크북〉

- 임상중재센터Centre for Clinical Interventions: 호주의 웨스턴오스트레일리아주 보건부 산하의 임상 심리학 전문 기관이다. 웹사이트에 접속하면 자신의 미루기 주기를 파악하고 미루기를 그만두지 못하게 만드는 생각과 행동, 감정 대응에 도움을 주는 일곱 단계로 구성된 워크북을 찾을 수 있다. 더불어 완벽주의나 불편함을 참지 못하는 등, 미루기가 지속되는 데 영향을 미치는 기타 문제 해결에 도움을 주는 워크북도 올라와 있다. 자료는 CCI.Health.WA.gov.au/Resources/Looking-After-Yourself에서 찾을 수 있다.

〈팟캐스트〉

- ADHD Experts: ADHD 관련 미루기를 겪는 사람들의 경우, 〈애디튜드ADDitude〉지에서 운영하는 이 팟캐스트 채널을 참고하면 좋다. 여러 우수한 연구원과 ADHD 전문가가 출연해 ADHD와 관련한 질문에 답해준다.
- iProcrastinate: 새로운 에피소드는 올리지 않지만, 지난 12년 동안 업로드된 에피소드는 아직 청취할 수 있다. 미루기의 유발 원인, 극복 전략 등 다양한 주제와 관련해 이야기한다.
- The Joy of Procrastination: 딘 잭슨Dean Jackson과 댄 설리번Dan Sullivan

이 호스트로 출연하며, 미루기에서 파생되는 수치심을 낮추고 미루기를 극복할 수 있는 전략과 동기를 공유하는 에피소드가 2주에 하나씩 올라온다.

〈웹사이트〉

- 애디튜드지: ADD(주의력결핍장애)와 ADHD 관련 정보를 공유하는 잡지로, 자문단에는 미국 내 우수 심리치료사와 정신과 의사, 연구원들이 포함되어 있다. 잡지 기사나 온라인 세미나, 전자책, ADHD 환자를 위한 제품으로 가득한 온라인 스토어는 물론, 무료 증상 테스트나 마음챙김mindfulness 연습, 생활 꿀팁('전문가처럼 집을 정리하는 법' 등)도 찾을 수 있다. ADDitude.com에서 다양한 자료를 확인할 수 있다.
- 미루기 선생님Procrastination Coach : 심리학 박사 크리스틴 리Christine Li가 운영하는 웹사이트로 미루기와 관련한 무료 및 유료 자료가 올라와 있다. ProcrastinationCoach.com에서 자료를 확인할 수 있다.

〈도서〉

- 《자기혁신 프로그램: 생각만 하고 실행하지 못하는 사람들을 위한 변화 모델》, 제임스 프로차스카, 존 노크로스, 카를로 디클레멘트 지음
  나쁜 습관 극복법을 연구하는 최고의 심리학자 세 명이 저술한 책이다. 세 저자는 운이나 의지만으로는 습관을 건강하게 개선할 수 없다는 점을 잘 이해하고 있으며, 책을 통해 미루기 타파에 도움이 되는 새로운 습관을 유지하는 과학적 방법을 설명한다.
- 《Getting Things Done with Adult ADHD》, 애디튜드지 편집부 옮김 (국내 미출간)
  ADHD가 유발하는 미루기 극복 전략이 필요하다면 큰 도움이 될 책이다. 집중력을 유지하고 미루기를 극복할 수 있는 전략을 알려주는 이

책은 여러 ADHD 관련 정보와 자료를 얻을 수 있는 애디튜드지에서 펴냈다.

〈애플리케이션〉

- 블록사이트BlockSite: 앱이나 웹사이트를 차단해 주의력 분산을 막아준다.
- 포레스트Forest: 집중력 유지에 도움을 주는 앱이다. 집중이 필요할 때 앱에서 나무를 한 그루씩 심을 수 있다. 집중을 유지하면 나무가 자라고 다른 일을 하면 나무가 죽는다.
- 프리덤Freedom: 앱이나 웹사이트를 차단해 주의력 분산을 막아준다.
- 레스큐타임RescueTime: 앱, 웹사이트, 문서 등 활동에 소비한 시간을 추적한다. 즉 무엇을 하며 시간을 보냈는지 알 수 있다. 더욱이 일을 끝낼 시간에 알람을 맞출 수도 있는데, 이 기능은 언제 일을 멈춰야 할지 모르는 사람들에게 유용하다.
- 심플 해빗Simple Habit: 명상 앱으로, 마음먹고 자리에 앉아 명상하기는 어렵지만 (불안감 줄이기, 집중력 향상하기, 수면의 질 높이기 등을 위해) 명상의 도움을 받고자 하는 바쁜 현대인을 위한 앱이다. 9장과 11장에서 공유한 전략에 추가적인 도움이 필요한 사람에게 매우 유용할 것이다.
- 스트릭트 워크플로우Strict Workflow: 주의력을 환기하여 하던 일을 지속할 수 있도록, 타이머를 이용해 일하는 중에 규칙적으로 휴식 시간을 알려준다.
- 투두이스트Todoist: 과업과 프로젝트, 목표의 진행 상황을 한 자리에서 볼 수 있는 앱이다. 과업의 진행과 관련한 정보를 머리로 추적하지 않아도 되기 때문에 집중력을 높일 수 있고 정리도 할 수 있다. 5장과 7장에서 공유한 전략에 추가적인 도움이 필요한 사람에게 매우 유용할 것이다.

〈온라인 커뮤니티〉

- 애디튜드: 애디튜드의 온라인 커뮤니티에는 ADD와 ADHD를 겪는 성인들이 참여해 개인적인 경험과 미루기와 같은 증상에 대처하는 유용한 팁을 공유하며 서로 격려한다. ADDitudeMag.com/forums에서 참여할 수 있다.
- How to ADHD: ADHD를 앓는 제시카 맥케이브Jessica McCabe가 운영하는 유튜브 채널이다. ADHD를 지니고 사는 것과 관련한 TED 강연도 있다. 각각 '정상이 아니라는 건: ADHD 성공 스토리(Failing at Normal: An ADHD Success Story)', 'ADHD 환자로 산다는 건(This Is What It's Really Like to Live with ADHD)'이라는 제목의 강연이다.
- 레딧의 미루기 게시판Reddit Procrastinationism Group: 레딧의 미루기 게시판은 미루기를 다루는 서브레딧subreddit(주제별로 나뉘어 있는 레딧의 하위 게시판-옮긴이)이며, 미루는 사람들이 제공하는 격려와 조언을 확인할 수 있다.

〈TED 강연〉

- 로라 밴더캠, '자유시간을 제어하는 법': 로라 밴더캠Laura Vanderkam은 시간 관리 전문가로, 우리에게 가장 중요한 일을 위해 시간을 낼 수 있도록 돕는 전략을 알려준다. TED.com/talks/laura_vanderkam_how_to_gain_control_of_your_free_time 에서 영상을 확인할 수 있다.
- 팀 어번, '할 일을 미루는 사람의 심리': 팀 어번Tim Urban은 유머러스한 방식으로 우리가 미루기의 굴레에서 벗어나지 못하는 이유와 이를 극복하는 방법을 설명한다. TED.com/talks/tim_urban_inside_the_mind_of_a_master_procrastinator 에서 영상을 볼 수 있다.

Baumeister, R. F. 2016. "Toward a General Theory of Motivation: Problems, Challenges, Opportunities, and the Big Picture." *Motivation and Emotion* 40(1), 1-10.

Bovend'Eerdt, T. J. H., Botell, R. E., and Wade, D. T. 2009. "Writing SMART Rehabilitation Goals and Achieving Goal Attainment Scaling: A Practical Guide." *Clinical Rehabilitation* 23(4), 352-361.

Briody, R. 1980. "An Exploratory Study of Procrastination." *Dissertation Abstracts International Section A: Humanities and Social Sciences* 41(2-A), 590.

Bunce, D. M., Flens, E. A., and Neiles, K. Y. 2010. "How Long Can Students Pay Attention in Class? A Study of Student Attention Decline Using Clickers." *Journal of Chemical Education* 87(12), 1438-1443.

Carney, D. R., Cuddy, A. J. C., and Yap, A. J. 2010. "Power Posing: Brief Nonverbal Displays Affect Neuroendocrine Levels and Risk Tolerance." *Psychological Science* 21(10), 1363-1368.

Chu, A. H. C., and Choi, J. N. 2005. "Rethinking Procrastination: Positive Effects of 'Active' Procrastination Behavior on Attitudes and Performance." *The Journal of Social Psychology* 145(3), 245-264.

Clancy, J. 1961. "Procrastination: A Defense Against Sobriety." *Quarterly Journal of Studies on Alcohol* 22(2) 269-276.

Credé, M., and Phillips, L. A. 2017. "Revisiting the Power Pose Effect: How Robust are the Results Reported by Carney, Cuddy, and Yap (2010) to Data Analytic Decisions?" *Social Psychological and Personality Science* 8(5), 493-499.

Dalton, B. H., and Behm, D. G. 2007. "Effects of Noise and Music on Human and Task Performance: A Systematic Review." *Occupational Ergonomics* 7(3), 143-152.

Ferrari, J. R. 2001. "Procrastination as Self-Regulation Failure of Performance: Effects of Cognitive Load, Self-Awareness, and Time Limits on 'Working Best Under Pressure.'" *European Journal of Personality* 15(5), 391-406.

Harriot, J., and Ferrari, J. R. 1996. "Prevalence of Procrastination Among Samples of Adults." *Psychological Reports* 78(2), 611-616.

Hatzigeorgiadis, A., Zourbanos, N., Mpoumpaki, S., and Theodorakis, Y. 2009. "Mechanisms Underlying the Self-Talk—Performance Relationship: The Effects of Motivational Self-Talk on Self-Confidence and Anxiety." *Psychology of Sport and Exercise* 10(1), 186-192.

Helps, S. K., Bamford, S., Sonuga-Barke, E. J. S., and Söderlund, G. B. W. 2014. "Different Effects of Adding White Noise on Cognitive Performance of Sub-, Normal and Super-Attentive School

Children." *PLOS ONE* 9(11), e112768.

Hershfield, H. E. 2011. "Future Self-Continuity: How Conceptions of the Future Self Transform Intertemporal Choice." *Annals of the New York Academy of Sciences* 1235(1), 30-43.

Jong, P. D., and Berg, I. K. 2002. *Interviewing for Solutions*. 2nd ed. Pacific Grove, CA: Brooks/Cole.

Karch, D., Albers, L., Renner, G., Lichtenauer, N., and von Kries, R. 2013. "The Efficacy of Cognitive Training Programs in Children and Adolescents: A Meta-Analysis." *Deutsches Ärzteblatt International* 110(39), 643-652.

Kasper, G. "Tax Procrastination: Survey Finds 29% Have Yet to Begin Taxes." 2004년 3월 30일, PRWeb.com/releases/2004/03/prweb114250.htm.

Kraus, J., and Porubanová, M. 2015. "The Effect of Binaural Beats on Working Memory Capacity." *Studia Psychologica* 57(2), 135-145.

Lally, P., van Jaarsveld, C. H. M., Potts, H. W. W., and Wardle, J. 2010. "How Are Habits Formed: Modelling Habit Formation in the Real World." *European Journal of Social Psychology* 40(6), 998-1009.

Mazur, J. E. 1996. "Procrastination by Pigeons: Preference for Larger, More Delayed Work Requirements." *Journal of the Experimental Analysis of Behavior* 65(1), 159-171.

McCloskey, J. D. "Finally, My Thesis on Academic Procrastination." 텍사스대학교 알링턴캠퍼스 석사 학위 논문, 2011년 12월. ProQuest (UMI No. 1506326).

O'Brien, W. K. "Applying the Transtheoretical Model to Academic Procrastination." 휴스턴대학교 박사 학위 논문, 2000년. ProQuest (UMI No. 3032320).

Pychyl, T. A., Lee, J. M., Thibodeau, R., and Blunt, A. 2000. "Five Days of Emotion: An Experience Sampling Study of Undergraduate Student Procrastination." *Journal of Social Behavior and Personality* 15(5), 239-254.

Sprich, S. E., Knouse, L. E., Cooper-Vince, C., Burbridge, J., and Safren, S. A. 2012. "Description and Demonstration of CBT for ADHD in Adults." *Cognitive and Behavioral Practice* 17(1), 9-15.

Steel, P. 2007. "The Nature of Procrastination: A Meta-Analytic and Theoretical Review of Quintessential Self-Regulatory Failure." *Psychological Bulletin* 133(1), 65-94.

Steel, P. 2010. "Arousal, Avoidant and Decisional Procrastinators: Do They Exist?" *Personality and Individual Differences* 48(8), 926-934.

Stephens, R. S., Roffman, R. A., and Curtin, L. 2000. "Comparison of Extended Versus Brief Treatments for Marijuana Use." *Journal of Consulting and Clinical Psychology* 68(5), 898-908.

Tuckman, B. W. 1991. "The Development and Concurrent Validity of the Procrastination Scale." *Educational and Psychological Measurement* 51(2), 473-480.

Valdez P. 2019. "Circadian Rhythms in Attention." *The Yale Journal of Biology and Medicine* 92(1), 81-92.

Yockey, R. D. 2016. "Validation of the Short Form of the Academic Procrastination Scale." *Psychological Reports* 118(1), 171-179.

Zhang, S., Becker, B., Chen, Q., and Feng, T. 2019. "Insufficient Task-Outcome Association Promotes Task Procrastination through a Decrease of Hippocampal-Striatal Interaction." *Human Brain Mapping* 40(2), 597-607.

Zhang, W., Wang, X., and Feng, T. 2016. "Identifying the Neural Substrates of Procrastination: A Resting-State fMRI Study." *Scientific Reports* 6(1), 1-7.

감사의 말

얼마 전, 함께 차를 타고 있던 어머니께서 불쑥 외치듯 말씀하셨다. "넌 책을 써야 해!" 그 책, 바로 여기 있어요 엄마! 이 책을 집필할 수 있도록 영감을 주신 부모님, 감사드려요. 제가 쓴 거의 모든 것을 읽어주시고 심리학자가 되겠다며 네브래스카까지 간 제 결정을 지지해주신 것까지, 부모님의 희생 덕분에 제가 성장할 수 있었어요.

그리고 사랑하는 우리 남편, 나를 향한 변함없는 믿음에 늘 고마워. 내가 충동적으로 심리학 관련 블로그를 시작했을 때도, 책을 쓰겠다고 했을 때도 늘 나를 믿어줬지. 나를 향한 당신의 믿음이 나에게는 가장 큰 동기야. 고마워, 여보.

옮긴이_ 이은정
번역하는 사람. 경희대학교에서 영어통번역학을 전공했다. 글밥아카데미 수료 후 바른번역 소속 번역가로 활동 중이다.

미루기의 악순환에서 벗어나고 싶은
당신을 위한 심리 처방

게으른 완벽주의자를 위한 심리학

초판 1쇄 발행 | 2022년 8월 30일
초판 23쇄 발행 | 2024년 12월 26일

지은이 | 헤이든 핀치
옮긴이 | 이은정
펴낸이 | 전준석
펴낸곳 | 시크릿하우스
주소 | 서울특별시 마포구 독막로3길 51, 402호
대표전화 | 02-6339-0117
팩스 | 02-304-9122
이메일 | secret@jstone.biz
블로그 | blog.naver.com/jstone2018
페이스북 | @secrethouse2018
인스타그램 | @secrethouse_book
출판등록 | 2018년 10월 1일 제2019-000001호

ISBN 979-11-92312-20-0 03180